아이가 주인공인 책

아이는 스스로 생각하고 성장합니다.
아이를 존중하고 가능성을 믿을 때
새로운 문제들을 스스로 해결해 나갈 수 있습니다.

〈기적의 학습서〉는 아이가 주인공인 책입니다.
탄탄한 실력을 만드는 체계적인 학습법으로
아이의 공부 자신감을 높여줍니다.

가능성과 꿈을 응원해 주세요.
아이가 주인공인 분위기를 만들어 주고,
작은 노력과 땀방울에 큰 박수를 보내 주세요.
〈기적의 학습서〉가 자녀교육에 힘이 되겠습니다.

안녕, 우리는 <u>비법걸&비법보이</u>야.

디자이너 다츠쌤이 우리를 귀엽게 만들어 주셨고,

이름은 길벗스쿨 기적쌤이 지어주셨지.

아직 그렇게 유명하진 않은데...

너희들이 예뻐라 해 주면 우리도 빵 뜨지 않을까? ^^

우리는 이 책에서 초등 전 학년을 맡고 있지!

이 책으로 너희들이 독해를 잘하려면 우리가 하는 얘기를 잘 들어줘야 해.

우리가 전수하는 비법대로만 따라 하면 독해 그까짓 거 식은 죽 먹기라고~!

같이 해 보자~~!!

초등 문해력, **읽기**로 시작한다!

기본편

길벗스쿨

기적의 독해력 3권 초등 2학년 기본편

초판 1쇄 발행 2021년 3월 3일
개정 1쇄 발행 2024년 6월 1일

지은이 기적학습연구소
발행인 이종원
발행처 길벗스쿨
출판사 등록일 2006년 6월 16일
주소 서울시 마포구 월드컵로 10길 56(서교동 467-9)
대표 전화 02)332-0931 | **팩스** 02)323-0586
홈페이지 www.gilbutschool.co.kr | **이메일** gilbut@gilbut.co.kr

총괄 신경아(skalion@gilbut.co.kr) | **기획 편집** 박은숙, 유명희, 이은정, 이재숙
제작 이준호, 손일순, 이진혁 | **영업마케팅** 문세연, 박선경, 박다슬 | **웹마케팅** 박달님, 이재윤, 나혜연
영업관리 김명자, 정경화 | **독자지원** 윤정아

표지 디자인 디자인비따 | **본문 디자인** (주)더다츠 | **전산편집** 린 기획
표지 일러스트 이승정 | **본문 일러스트** 김영곤
CTP출력 및 인쇄 교보피앤비 | **제본** 신정문화사

ISBN 979-11-6406-681-0 64710
(길벗스쿨 도서번호 10920)
정가 11,000원

독자의 1초를 아껴주는 정성 길벗출판사

길벗스쿨 | 국어학습서, 수학학습서, 유아콘텐츠유닛, 어학학습서, 어린이교양서, 교과서, 길벗스쿨콘텐츠유닛
길벗 | IT실용서, IT/일반 수험서, IT전문서, 어학단행본, 어학수험서, 경제실용서, 취미실용서, 건강실용서, 자녀교육서
더퀘스트 | 인문교양서, 비즈니스서

『기적의 독해력』을 펼친 여러분께 우선 박수를 보냅니다.

이 책은 여러분의 독해력을 키우기 위해 만든 책이에요. '독해력'이 뭐냐고요? 읽을 독(讀), 이해할 해(解), 힘 력(力) 자를 써서, 글을 읽고 이해하는 능력(힘)을 말해요. 지금처럼 이 글을 읽고 무슨 뜻인지 알겠으면 독해가 되고 있다는 거고요. 이 글을 읽고는 있지만 도통 무슨 말인지 모르겠으면 독해가 잘 안되고 있다고 할 수 있죠.

우리는 살면서 많은 글을 읽어요. 그림책, 동화책, 교과서, 하다못해 과자 봉지에 있는 글까지. 그런데 이렇게 많은 글을 읽어도 이해하지 못한다면 얼마나 답답할까요? 글을 읽고 이해가 되어야 깨닫게 되고, 몰랐던 것을 알게 되고, 또 이어질 여러 가지 문제를 해결할 수도 있는데 말이죠.

그래서 '독해'는 모든 공부의 시작이고, '독해력'은 우리가 가져야 할 제일 중요한 능력 중의 하나이지요.

여러분이 펼친 『기적의 독해력』 시리즈는 여러분이 초등 공부를 시작할 때부터 완성할 때까지 함께할 비법서랍니다. 예비 초등학생을 위한 한 문장 독해부터 중학교 입학을 앞둔 6학년을 위한 복합적인 글 독해까지, 기본을 세우고 실력을 다질 수 있는 다양한 유형의 독해 글감과 핵심을 파고드는 문제들을 담고 있어요.

혹시 "글 속에 답이 있다!", "문제에 답이 있다!"라는 말을 들어 보았나요?
『기적의 독해력』 시리즈로 공부하면 여러분은 분명 그 해답을 쉽게 깨치게 됩니다.

잠깐, 쉽다고 대충 하지는 말아요! 글을 꼼꼼히 읽고 내가 잘 읽었는지 찬찬히 떠올리면서 문제까지 수월하게 해결해 나가는 게 가장 핵심이 되는 독해 비법이랍니다. 가끔 문제는 틀려도 돼요. 틀리면서 배우는 게 훨씬 많으니까요!
자, 머뭇거리지 말고 한번 시작해 보세요.

2021년 2월
기적학습연구소 국어팀 일동

독해력, 그것이 알고 싶다!

Q 독해력을 기르려면 무엇부터 해야 할까요?

A 다양한 글을 읽어야지요. 독해력은 하루아침에 길러지는 역량이 아닙니다. 하루에 한 편씩 짧은 글이라도 읽는 습관을 만들어 주는 것이 중요합니다. 또 자신이 읽은 글의 내용을 정리해 본다거나 한 문장으로 요약해 보는 습관을 기른다면 아주 효과적인 독해력 상승을 기대할 수 있습니다. 이 대목에서 '책 읽기'는 두말하면 입 아프겠지요? ^^;

Q 초등 입학 전에 독해 공부가 필요할까요?

A 초등학교에 입학해서 처음 보는 교과서는 기존에 봤던 그림책과는 구조와 수준이 달라서 급격하게 어려움을 느낄 수도 있습니다. 특히 문제 풀이에 어려움을 겪을 수 있으니 간단하고 짧은 글을 읽고, 내용을 이해했는지 가볍게 훑어보며 문제를 푸는 연습을 하면 초등 공부에 큰 도움이 될 것입니다.

Q 읽기는 하는데, 문제를 이해하지 못하는 것 같아요.

A 읽으면 바로 이해할 수 있는 쉬운 문제들도 있지만, 국어 개념이 바탕이 되어야 풀 수 있거나 보기를 읽고 두 번 세 번 확인해 봐야 답을 찾을 수 있는 독해 문제들도 많습니다. 문제를 이해하지 못한다는 것은 1차적으로는 그 문제를 출제한 의도를 파악하지 못하고 있다는 거고요. 그다음엔 어떻게 답을 찾아야 할지 방법을 모르고 있다는 것입니다. 독해도 일종의 기술이 필요한 공부거든요. 무턱대고 읽고 푼다고 해서 독해력이 생기는 것은 아닙니다. 글을 읽는 방법, 문제를 푸는 방법을 알고 있어야 보다 효과적으로 독해의 산을 넘을 수 있습니다.

Q 어휘력도 중요한 거 같은데, 어떻게 길러야 할까요?

A 어휘력은 독해력을 키우는 무기와 같습니다. 글을 잘 읽다가도 낯선 어휘에서 멈칫하거나 그 뜻을 파악하지 못해서 독해가 안되는 경우가 많거든요. 어휘력 역시 단번에 키우긴 어렵습니다. 그래서 독해 훈련을 통해 어휘력을 키우는 방법을 추천합니다. 글을 읽을 때 낯선 어휘를 만나면 문맥의 의미를 파악하는 연습을 꾸준히 하는 거죠. 그래도 모르는 낱말은 그냥 넘어가지 말고 국어사전을 찾아보는 습관을 들이세요.

Q 시중에 나와 있는 독해력 교재가 너무 많더라고요. 어떤 게 좋은 거죠?

A 단연 『기적의 독해력』을 꼽고 싶습니다만, 시중에 나와 있는 독해력 교재들이 모두 훌륭하더군요. 일단은 아이의 수준에 맞게 선택하는 게 가장 현명할 것입니다. 방법을 잘 몰라서 문제 풀이에 어려움을 겪는 친구들은 독해의 기본기를 다룬 쉬운 교재를, 어느 정도 독해가 가능한 친구들은 다양한 문제를 풀어 볼 수 있는 실전 교재를 선택해 보는 것이 좋습니다. (마침 『기적의 독해력』이 딱 그런 구성을 갖추고 있습니다.)

Q 『기적의 독해력』은 어떻게 바뀌었나요?

A 예비 초등(0학년)을 시작으로 6학년까지 학년별로 2권씩 구성되어 있습니다. 단계와 난이도가 종전보다 세분화되었는데요. 특히 독해 문제 풀이에 어려움을 겪는 친구들을 위해 독해 비법을 강화하여 독해의 기본기를 다진 후에 실전 문제로 실력을 완성시킬 수 있도록 구조화하였습니다.

기본편   실력편

기본편 은 독해의 시작이라 할 수 있는 기본서입니다. 학년별로 16가지의 독해 비법을 담고 있지요. 글의 종류에 따라 읽는 방법과 필수 유형 문제를 효과적으로 푸는 방법을 친절하게 안내하고 있어요.

실력편 은 독해의 완성이라 할 수 있는 실력서입니다. 교과 과정에 맞춘 실전 문제와 최상위 독해로 구성하여 앞서 배운 비법을 그대로 적용하면서 실력을 키울 수 있습니다.

Q 그럼 두 권을 같이 보나요?

A 독해 문제가 익숙하지 않은 친구는 기본편 으로 독해의 기초를 탄탄하게 쌓으면 되고요. 독해 문제가 익숙한 친구는 실력편 으로 단계를 올려서 실전에 대비하는 것도 필요합니다. 1학기는 기본편 으로, 2학기는 실력편 으로 촘촘하게 독해력을 키워 보는 것은 어떨까요?

Q 실력편 의 최상위 독해는 어떤 독해인가요?

A 최상위 독해는 복합 지문과 통합형 문제로 구성된 특별 코너입니다. 일반적인 독해가 단편적인 하나의 글을 읽고, 기본적인 문제를 풀어 가는 것이라면 실력편 5일 차에 수록된 복합 지문은 두 가지 이상의 글을 읽고 문제를 해결해야 하는 난이도가 높은 독해입니다. 같은 주제를 다루고 있는 두 편의 글이나 소재는 다르지만 종류는 같은 두 편의 글을 읽고, 통합 사고력 문제를 해결해야 해서 기존의 독해 문제보다는 조금 어려울 수 있습니다.
쉬운 글과 기본 문제만으로는 실력을 키우기 어렵지요. 자신의 수준보다 약간 어려운 문제도 해결하면서 실력을 월등하게 키워 나가길 바랍니다.

Q 『기적의 독서 논술』과는 어떤 차이가 있나요?

A 독해력이 모든 공부의 시작이라면, 독서 논술은 모든 공부의 완성이라 할 수 있습니다. 독해력이 단편적인 글을 읽고 이해하며 적용해 가는 훈련이라면, 독서 논술은 한 편의 긴 글을 읽고, 자신의 생각을 정리해서 표현해 보는 훈련 과정을 거치기 때문에 두 시리즈 모두 국어 실력 향상에는 꼭 필요한 교재랍니다. 한 학년에 독해력 2권, 독서 논술 2권이면 기본과 실력을 모두 갖추게 될 것입니다.

1단계 독해 비법을 파악하라

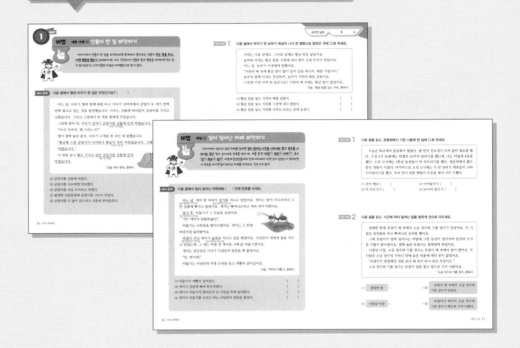

🛡 독해 비법

갈래별 4가지 독해 비법을 제시하였습니다.
'비법 걸'과 '비법 보이'의 설명에 따라 유형별 독해 비법을 꼭 확인하세요.

예시 문제

비법의 설명을 그대로 적용한 예시 문제를 풀어 보세요.
어떻게 풀어야 할지 감을 잡을 수 있어요.

연습 문제

비슷한 유형의 다른 문제를 풀면서 비법을 연습해 보세요.

2단계 비법을 적용하라

3단계 정리하라

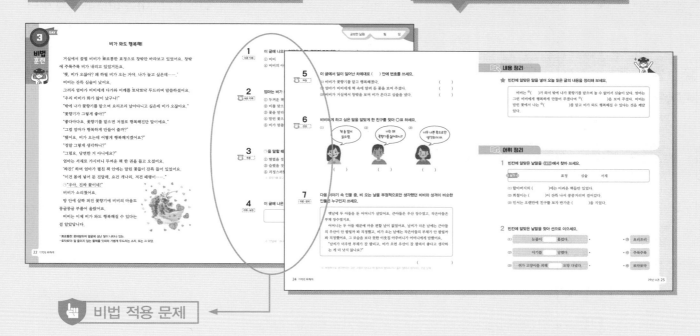

👆 비법 적용 문제

독 (讀): 이야기, 시, 정보가 담긴 글, 의견이 담긴 글이 지문으로 제시됩니다. 다양한 분야의 글을 읽으면서 생각을 정리하고, 내용을 유기적으로 연결하는 훈련을 해 봅시다.

해 (解): 글의 내용을 제대로 이해했다면 풀 수 있는 핵심적인 문제를 출제하였습니다. 앞서 배운 독해 비법(방패 표시)을 떠올리며 제시된 문제를 해결해 봅시다.

📑 내용 정리

글의 내용을 요약 정리합니다. 빈칸을 채우거나 알맞은 내용에 ○표 하며, 독해를 마무리합니다.

🔍 어휘 정리

글에 나온 주요 어휘들을 문제로 정리합니다. 독해의 무기라 할 수 있는 어휘력도 빵빵하게 충전하세요.

⭐ **낱말 미로**
앞에서 학습한 어휘를 확인할 수 있도록 재미있는 퀴즈로 구성하였습니다.

초등 국어 독해 비법 96

커리큘럼 소개

『기적의 독해력』은 글의 종류를 문학(이야기, 시)과 비문학(정보가 담긴 글, 의견이 담긴 글)으로 나누고, 8가지 독해력 평가 원리를 바탕으로 글의 종류에 알맞은 독해 유형을 비법으로 제시하였습니다.
한 학년당 16가지 필수 독해 비법을 집중 훈련하고, 전 학년에 걸쳐 96가지 비법을 모두 터득하면 초등 공부에 필요한 독해력을 완성할 수 있습니다.

		1학년		**2학년**		**3학년**
이야기 창작 동화 전래 동화 명작 동화 생활문, 수필 극본	내용 이해	등장인물 파악하기	내용 이해	인물이 한 일 파악하기	내용 이해	가리키는 말의 내용 파악하기
	어휘·표현	시간(장소)을 나타내는 말 파악하기	짜임	일이 일어난 차례 파악하기	짜임	원인과 결과 파악하기
	추론	인물의 모습 짐작하기	추론	인물의 마음 짐작하기	추론	생략된 내용 짐작하기
	적용·창의	이어질 내용 상상하기	감상	인물에게 하고 싶은 말 떠올리기	감상	일어난 일에 대한 생각 떠올리기
시 동시 동요 현대시 시조	주제	무엇에 대한 시인지 파악하기	주제	중심 글감 파악하기	주제	말하는 이의 생각 파악하기
	어휘·표현	흉내 내는 말 파악하기	어휘·표현	반복되는 말 파악하기	추론	분위기 파악하기
	추론	시에 나타난 마음 짐작하기	감상	비슷한 경험 떠올리기	감상	인상 깊은 부분 떠올리기
	감상	장면 떠올리기	적용·창의	표현 바꾸어 쓰기	적용·창의	말하는 이의 생각 적용하기
정보가 담긴 글 설명문 안내문, 기행문 전기문, 기사문 견학 기록문 조사 보고서	주제	중심 낱말 파악하기	주제	제목 붙이기	주제	중심 문장과 뒷받침 문장 파악하기
	내용 이해	설명 대상의 특징 파악하기	내용 이해	알게 된 내용 정리하기	내용 이해	사실과 의견 구별하기
	짜임	주요 내용 정리하기	짜임	중요한 내용 정리하기	어휘·표현	낱말의 관계 파악하기
	추론	알맞은 낱말 짐작하기	추론	알맞은 내용 짐작하기	짜임	글의 내용 간추리기
의견이 담긴 글 논설문 연설문, 광고 편지, 토론 제안하는 글 부탁하는 글	주제	글쓴이의 생각 파악하기	주제	글을 쓴 까닭 파악하기	주제	주장 파악하기
	내용 이해	글의 내용 파악하기	내용 이해	생각을 뒷받침하는 내용 파악하기	내용 이해	문제 상황 파악하기
	비판	글쓴이의 생각 판단하기	어휘·표현	표현의 의미 파악하기	추론	문장의 의미 짐작하기
	적용·창의	글쓴이의 생각 적용하기	비판	글쓴이의 생각과 내 생각 비교하기	비판	근거의 적절성 평가하기

독해력 평가 8원리

1 주제 **2** 내용 이해 **3** 어휘·표현 **4** 짜임 **5** 추론 **6** 비판 **7** 감상 **8** 적용·창의

4학년	5학년	6학년
주제 주제 파악하기	**주제** 인물이 추구하는 가치 파악하기	**내용 이해** 인물의 갈등 파악하기
내용 이해 인물, 사건, 배경 파악하기	**내용 이해** 작품 이해하기	**어휘·표현** 속담, 사자성어, 관용어 알기
추론 인물의 성격 파악하기	**추론** 시대 상황 추론하기	**짜임** 이야기의 짜임 파악하기
적용·창의 인물의 생각 적용하기	**감상** 인물의 생각 평가하기	**추론** 배경이 사건에 미치는 영향 파악하기
어휘·표현 감각적 표현 파악하기	**내용 이해** 내용 파악하기	**주제** 주제 파악하기
짜임 시의 짜임 파악하기	**어휘·표현** 비유적 표현 파악하기	**내용 이해** 작품 이해하기
추론 문장의 의미 추론하기	**추론** 말하는 이에 대해 추론하기	**추론** 함축적 의미 파악하기
감상 생각이나 느낌 떠올리기	**적용·창의** 시 바꾸어 쓰기	**적용·창의** 작품 비교하기
주제 글의 중심 생각 파악하기	**어휘·표현** 다의어, 동형어 알기	**내용 이해** 글의 특징 파악하기
어휘·표현 헷갈리기 쉬운 낱말 구분하여 쓰기	**짜임** 설명 방법 파악하기	**어휘·표현** 호응 관계에 맞게 문장 쓰기
짜임 설명하는 글의 짜임 파악하기	**추론** 어울리는 자료 짐작하기	**짜임** 짜임 파악하기
추론 뒷받침 문장 짐작하기	**비판** 글의 신뢰성 판단하기	**적용·창의** 자료 적용하기
주제 글의 제목 정하기	**어휘·표현** 적절한 표현으로 바꾸어 쓰기	**주제** 글쓴이의 관점 파악하기
짜임 주장하는 글의 짜임 파악하기	**짜임** 근거를 든 방법 파악하기	**추론** 글의 내용을 바탕으로 추론하기
추론 주장에 어울리는 근거 찾기	**추론** 짜임에 맞게 내용 예측하기	**비판** 글쓴이의 관점 비판하기
비판 뒷받침 문장의 적절성 평가하기	**비판** 내용의 타당성 판단하기	**적용·창의** 새로운 상황에 적용하기

차례

★ 의견이 담긴 글

출처

글

22쪽 「비가 와도 행복해!」 I 왕입분 I 2021

30쪽 「오늘은 만두 만드는 날」 I 왕입분 I 2021

＊그 외 작품은 한국문학예술저작권협회, 한국문예학술저작권협회의 동의를 얻어 책에 실었습니다.

이미지

62쪽 측우기 I 문화재청

70쪽 경주 석빙고, 경주 석빙고 내부, 경주 석빙고 환기구 I 문화재청

72쪽 죽부인, 등등거리 I 국립민속박물관

136쪽 「생각의 키」 I 한국방송광고진흥공사 I 2014

＊위에 제시되지 않은 이미지는 사용료를 지불하고 셔터스톡 코리아에서 대여했음을 밝힙니다.

＊길벗스쿨은 이 책에 실린 모든 글과 이미지의 출처를 찾기 위해 최선의 노력을 기울였습니다.
  저작권자를 찾지 못해 허락을 받지 못한 글과 이미지는 저작권자가 확인되는 대로 통상의 사용료를 지불하겠습니다.

이야기

우리가 자주 읽는 전래 동화, 창작 동화, 생활문 등은 모두 이야기예요. 이야기에는 여러 인물이 등장하여 사건을 일으키지요. 이야기는 누가 등장하는지, 언제 어디에서 어떤 사건이 일어나는지 등을 알아보고, 인물의 마음과 성격을 파악하며 읽어야 해요.

비법 내용 이해 >> 인물이 한 일 파악하기

이야기에서 인물이 한 일을 파악하려면 문제에서 물어보는 인물이 **무슨 말을 하고, 어떤 행동을 했는지** 살펴봐야 해. 아주 간단하지? 인물의 말과 행동을 파악하면 무슨 일이 일어났는지, 그때 인물의 마음은 어떠했는지도 알 수 있어.

예시 문제 다음 글에서 형과 아우가 한 일은 무엇인가요? (   )

어느 날, 아우가 형과 함께 배를 타고 가다가 강바닥에서 금덩이 두 개가 번쩍번쩍 빛나고 있는 것을 발견했습니다. 아우는 강물에 뛰어들어 금덩이를 가지고 나왔습니다. 그리고 그중에서 한 개를 형에게 주었습니다.

그런데 얼마 뒤, <u>아우가 갑자기 금덩이를 강물에 던져 버렸습니다.</u>
아우가 한 행동

"아니! 아우야, 왜 그러느냐?"

형이 깜짝 놀라 묻자, 아우가 고개를 푹 숙인 채 말했습니다.

"<u>형님께 드린 금덩이가 아까워서 형님이 자꾸 미워졌습니다. 그래서 금덩이를</u>
아우가 한 말
<u>버렸습니다.</u>"

이 말을 듣고 <u>형도 가지고 있던 금덩이를 강물에 던져</u>
형이 한 행동
<u>버렸습니다.</u>

「금을 버린 형제」 중에서

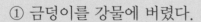

① 금덩이를 강물에 버렸다.
② 금덩이를 서로에게 양보했다.
③ 금덩이를 서로 가지려고 싸웠다.
④ 불쌍한 사람들에게 금덩이를 나누어 주었다.
⑤ 금덩이를 더 많이 찾으려고 강물에 뛰어들었다.

연습 문제 1 다음 글에서 부자가 된 농부가 욕심이 나서 한 행동으로 알맞은 것에 ○표 하세요.

거위는 다음 날에도, 그다음 날에도 황금 알을 낳았어요.
농부와 아내는 황금 알을 시장에 내다 팔아 금세 부자가 되었어요.
어느 날, 농부가 아내에게 말했어요.
"거위의 배 속에 황금 알이 많이 들어 있을 테니까, 배를 가릅시다."
농부의 말에 아내도 찬성하여, 농부가 거위의 배를 갈랐어요.
그런데 이게 어찌 된 일인가요? 거위의 배 속에는 황금 알이 없었어요.

이솝, 「황금 알을 낳는 거위」 중에서

(1) 황금 알을 낳는 거위의 배를 갈랐다.   (   )

(2) 황금 알을 낳는 거위를 시장에 내다 팔았다.   (   )

(3) 황금 알을 낳는 거위를 아무도 모르는 곳에 숨겼다.   (   )

연습 문제 2 다음 글에서 엄마와 아빠가 서로에게 전하려고 하신 말씀은 무엇인지 알맞게 선으로 이으세요.

엄마와 아빠가 싸우신 것 같다. 서로 대화를 안 하시고 나한테 대신 말을 전하라고 하시는 것을 보면 알 수 있다.
"엄마한테 아빠 오늘 치과에 다녀오겠다고 전하거라."
"아빠한테 오늘은 쓰레기 분리배출을 하는 날이라고 전하렴."
나는 엄마, 아빠가 시키시는 대로 하고 나서 형에게 투덜대며 말했다.
"다 들리시면서 왜 나한테 시키시는 거지? 엄마, 아빠도 싸우실 때 보면 우리와 비슷하신 것 같아."

(1) 엄마 •   • ㉮   오늘 치과에 다녀오겠다.

(2) 아빠 •   • ㉯   오늘은 쓰레기 분리배출을 하는 날이다.

비법 ②

짜임 >> 일이 일어난 차례 파악하기

이야기에서 일어난 일의 차례를 알려면 일이 일어난 **시간을 나타내는 말**과 **장소를 나타내는 말**을 찾아 순서대로 번호를 매겨 봐. 예를 들면 '**아침①-점심②-저녁③**', 혹은 '**집①-학교②-집③**'. 이렇게 등장인물에게 언제 어디에서 어떤 일이 있었는지 정리하면서 번호를 매기면 일이 일어난 차례를 파악하는 것도 아주 쉽지!

예시 문제 다음 글에서 일이 일어난 차례대로 (　　) 안에 번호를 쓰세요.

어느 날, 개미 한 마리가 강가를 지나고 있었어요. 개미는 발이 미끄러져서 그
<u>일이 일어난 시간 ①</u>　　　　　　　　<u>일이 일어난 장소 ①</u>
만 강물에 빠지고 말았어요. 개미는 빠져나오려고 계속 허우적댔어요.

잠시 후, 비둘기가 그 모습을 보았어요.
<u>일이 일어난 시간 ②</u>
"어? 개미가 위험하잖아!"

비둘기는 나뭇잎을 떨어뜨렸어요. 개미는 그 위에

허겁지겁 올라탔어요.

며칠이 지나 개미가 숲속을 지나고 있을 때였어요. 사냥꾼이 새에게 총을 겨누
<u>일이 일어난 시간 ③</u>　　　　<u>일이 일어난 장소 ②</u>
고 있었는데, 그 새는 며칠 전 개미를 구해 준 비둘기였어요.

개미는 살금살금 기어가 사냥꾼의 발등을 꽉 물었어요.

"앗, 따가워!"

비둘기는 사냥꾼의 비명 소리를 듣고 재빨리 날아갔어요.

이솝, 「개미와 비둘기」 중에서

---

(1) 비둘기가 재빨리 날아갔다. 　　　　　　　　　　　　　　　　　　　　　　(　)

(2) 개미가 강물에 빠져 허우적댔다. 　　　　　　　　　　　　　　　　　　　　(　)

(3) 개미가 비둘기가 떨어뜨려 준 나뭇잎 위에 올라탔다. 　　　　　　　　　(　)

(4) 개미가 비둘기를 쏘려고 하는 사냥꾼의 발등을 물었다. 　　　　　　　　(　)

다음 글을 읽고, 운동회에서 가장 나중에 한 일에 ○표 하세요.

> 오늘은 학교에서 운동회가 열렸다. 맨 먼저 전교생이 모여 준비 체조를 했다. 오전 9시 30분에는 반별로 50미터 달리기를 했는데, 나는 아쉽게 4등을 했다. 오전 10시에는 1학년 동생들이 박 터뜨리기를 했다. 결승전에서 홀수 반인 청팀이 이겼다. 마지막으로 오전 11시에는 각 반 달리기 대표들이 나와 이어달리기를 했다. 우리 반이 속한 백팀이 우승을 해서 너무 기뻤다.

(1) 준비 체조 (　　　)   (2) 이어달리기 (　　　)

(3) 박 터뜨리기 (　　　)   (4) 50미터 달리기 (　　　)

다음 글을 읽고, 시간에 따라 일어난 일을 알맞게 선으로 이으세요.

> 깜깜한 밤에 호랑이 배 속에서 소금 장수와 기름 장수가 만났어요. 두 사람은 등잔불을 켜고 빠져나갈 궁리를 했어요.
> 그때 호랑이가 벌떡 일어나는 바람에 그만 등잔이 엎어지며 등잔의 뜨거운 기름이 쏟아졌어요. 깜짝 놀란 호랑이는 펄쩍펄쩍 뛰었어요.
> 이튿날 아침, 소금 장수와 기름 장수는 호랑이 배 속에서 잠이 깼어요. 두 사람은 소금 장수의 가마니 뒤에 숨은 덕분에 데인 곳이 없었어요.
> "호랑이가 잠잠해진 것을 보니 배 속이 타서 죽은 모양이오."
> 소금 장수와 기름 장수는 호랑이 입을 열고 밖으로 기어 나왔어요.
>
> 「소금 장수와 기름 장수」 중에서

(1) 깜깜한 밤 ・   ・㉮ 호랑이 배 속에서 소금 장수와 기름 장수가 만났다.

(2) 이튿날 아침 ・   ・㉯ 호랑이가 죽어서 소금 장수와 기름 장수가 밖으로 기어 나왔다.

비법 추론 》 인물의 마음 짐작하기

표정을 보면 그 사람이 지금 어떤 마음인지 알 수 있을 텐데……. 이야기에서 인물의 마음은 모두 글로 표현되잖아. 겉으로 드러나 있기도 하지만 숨어 있기도 해. 그래서 인물의 마음을 짐작하려면 <u>그 인물이 처한 상황, 말이나 행동, 마음이 드러나는 표현</u>을 찾아야 해.

예시 문제 다음 글에 나타난 그레텔의 마음으로 알맞은 것은 무엇인가요? (　　　　)

어느 날, 새어머니가 아버지에게 말했어요.

"집에 먹을 것이 없어서 굶어 죽게 생겼어요. 우리가 굶어 죽지 않으려면 헨젤과 그레텔을 숲속에 갖다 버리는 수밖에 없어요."

"아니, 아무리 어려워도 아이들을 어떻게 버린단 말이오?"

아버지가 펄쩍 뛰자, 새어머니는 못마땅한 표정을 지으며 말했어요.

"당신은 나를 사랑하지 않나요? 이 방법만이 우리가 살 길이에요."

새어머니가 끈질기게 설득한 끝에 아버지도 그렇게 하기로 했어요.

배가 고파 잠들지 못하고 있던 헨젤과 그레텔은 그 이야기를 모두 들었어요.

"오빠, 우리를 숲속에 갖다 버린대. 이제 우리 어떡해?" → 그레텔이 헨젤에게 한 말
　　　　　　헨젤과 그레텔이 처한 상황
<u>그레텔은 새파랗게 질린 얼굴로 울음을 터뜨렸어요.</u>
　　　　그레텔이 한 행동

그림 형제, 「헨젤과 그레텔」 중에서

① 미안한 마음　　　　　　② 뿌듯한 마음
③ 편안한 마음　　　　　　④ 걱정하는 마음
⑤ 부끄러운 마음

연습 문제 1 ⊙을 말할 때, 네로의 마음은 어떠했을지 알맞은 것에 ○표 하세요.

> 길가 풀숲에 덩치 큰 개 한 마리가 죽은 듯 쓰러져 있었습니다.
> "어디 보자. 다행히 아직 숨이 붙어 있구나. 잘 보살피면 나을 거야."
> "할아버지, 이 개를 우리가 데려가요."
> 할아버지와 네로는 온 힘을 다해서 개를 수레에 싣고 오두막으로 돌아왔습니다. 그리고는 정신을 잃은 개의 입에 우유를 넣어 주었습니다. 개는 차츰 기운을 차렸습니다.
> ⊙"할아버지, 개가 눈을 떴어요! 어서 와 보세요."
> 개의 곁을 지키던 네로가 소리치자, 할아버지가 다가왔습니다.
>
> 위다, 「플랜더스의 개」 중에서

(1) 개가 눈을 떠서 무서웠을 것이다.   (   )

(2) 개가 정신을 차려서 기뻤을 것이다.   (   )

(3) 개가 기운을 천천히 차려서 실망스러웠을 것이다.   (   )

연습 문제 2 ⊙~㉣ 중 어머니가 두려움을 느끼고 있음을 짐작할 수 있는 부분을 두 군데 찾아 기호를 쓰세요.

> ⊙어머니가 떡 바구니를 이고 산길을 걷고 있었습니다.
> ㉡'어서 가서 오늘 팔고 남은 떡을 집에 있는 아이들에게 줘야겠다.'
> 그때 갑자기 호랑이가 나타나 어머니 앞을 가로막았습니다.
> "어흥! 떡 하나 주면 안 잡아먹지!"
> ㉢어머니는 호랑이를 보고 벌벌 떨었습니다.
> "여, 여기 있어요!"
> ㉣어머니는 호랑이에게 떡 바구니를 던져 주고 허겁지겁 뛰었습니다.
>
> 「해와 달이 된 오누이」 중에서

(   )

비법   감상 >> 인물에게 하고 싶은 말 떠올리기

우선 **이야기 속 인물이 어떤 말과 행동을 하는지** 살펴봐. **인물의 마음이나 상황이 어떠한지** 파악됐으면, 이제 너의 생각을 인물에게 들려주는 거야.

잘못한 게 있으면 잘못을 깨닫게 해 주고, 잘한 일에는 칭찬을 아끼지 말도록!

예시 문제   다음 글에 나오는 목동에게 하고 싶은 말을 알맞게 한 것에 ○표 하세요.

화창한 어느 날, 목동은 염소들을 몰고 들판으로 나갔어요. 염소들이 풀을 뜯고 있을 때 산에서 염소 다섯 마리가 내려왔어요.

'산에 사는 염소는 주인이 없으니까 내가 이놈들을 데려가야겠다!'
<u>산에서 내려온 염소들을 갖고 싶은 목동의 마음이 드러난 부분 ①</u>
다음 날은 아침부터 비가 세차게 내렸어요.

'어, 풀이 조금밖에 없네! <u>어제 산에서 내려온 염소들이나 배불리 먹여야겠다.</u>
<u>그래야 산으로 다시 도망가지 않을 테니.'</u>
산에서 내려온 염소들을 갖고 싶은 목동의 마음이 드러난 부분 ②

목동은 산에서 내려온 염소들만 배불리 먹였어요.

맑게 갠 다음 날, 목동은 또 염소들을 몰고 들판으로 나갔어요. 그런데 산에서 내려온 염소들이 목동의 눈을 피해 도망을 가는 거예요.

"어제 너희들한테만 풀을 먹였는데, 은혜도 모르고 도망을 쳐?"

목동이 씩씩대며 따져 묻자, 한 염소가 뒤를 돌아보며 말했어요.

"당신은 원래 기르던 염소들보다 우리에게 더 잘해 주었잖아요. <u>그러니 나중에</u>
<u>새로운 염소들이 또 내려오면 그 염소들에게만 잘해 줄 거잖아요?"</u>
산에서 내려온 염소들의 마음이 드러난 부분

이솝, 「어리석은 목동과 염소」 중에서

(1) "누군가에게 도움을 받았으면 그 은혜를 모른 척하면 안 되지."   (   )
(2) "나에게 돌아올 이익을 따지지 말고 누구에게나 잘 대해 주어야지."   (   )

채운이는 다음 글에 나오는 인물 중에서 누구에게 하고 싶은 말을 한 것인지 쓰세요.

"여봐라, 어서 저 토끼의 간을 꺼내도록 해라!"
용궁에 도착한 토끼는 그제야 자라에게 속았다는 것을 알았어요.
"자, 잠시만요! 제가 간을 육지에 빼놓고 깜빡하고 안 가지고 왔습니다.
저를 다시 육지로 돌려보내 주시면 간을 가져오겠습니다."
용왕님은 하는 수 없이 자라 장군과 함께 토끼를 육지로 돌려보냈어요.
토끼는 육지에 도착하자마자, 숲을 향해 달아났어요.

「토끼의 간」 중에서

침착하고 지혜롭게
위기를 넘기는 모습이
정말 놀라웠어.

채운

(   )

다음 글에 나오는 인물에게 하고 싶은 말을 알맞게 한 것에 ○표 하세요.

점심시간을 알리는 종이 울렸다. 승아와 민서는 서둘러 급식실로 가서 줄을
섰다. 그런데 세찬이가 어슬렁거리며 오더니 새치기를 했다.
"김세찬, 뭐 하는 짓이야? 꺼져!"
승아는 세찬이에게 버럭 화를 냈다. 옆에 있던 민서는 세찬이를 밀쳤다.
"미안. 배가 너무 고파서 그러니까 한 번만 눈감아 주라."
세찬이는 능청스럽게 말하고 그 자리에 그대로 서 있었다.

(1) "민서야, 매번 친구들에게 양보할 필요는 없어."   (   )
(2) "승아야, 고운 말로 너의 생각을 말한 건 잘한 일이야."   (   )
(3) "세찬아, 아무리 배가 고파도 다른 사람에게 피해를 주면 안 돼." (   )

비가 와도 행복해!

거실에서 꿀벌 비비가 *뾰로통한 표정으로 창밖만 바라보고 있었어요. 창밖에 주룩주룩 비가 내리고 있었거든요.

'쳇, 비가 오잖아? 왜 하필 비가 오는 거야. 나가 놀고 싶은데…….'

비비는 잔뜩 심술이 났어요.

그러자 엄마가 비비에게 다가와 어깨를 *토닥토닥 두드리며 말씀하셨어요.

"우리 비비가 화가 많이 났구나!"

"밖에 나가 꽃향기를 맡으며 요리조리 날아다니고 싶은데 비가 오잖아요."

"꽃향기가 그렇게 좋아?"

"좋다마다요. 꽃향기를 맡으면 저절로 행복해진단 말이에요."

"그럼 엄마가 행복하게 만들어 줄까?"

"됐어요. 비가 오는데 어떻게 행복해지겠어요?"

"정말 그렇게 생각하니?"

"그럼요. 당연한 거 아니에요?"

엄마는 서재로 가시더니 두꺼운 책 한 권을 들고 오셨어요.

'짜잔!' 하며 엄마가 펼친 책 안에는 말린 꽃들이 잔뜩 들어 있었어요.

"이건 봄에 넣어 둔 진달래, 요건 개나리, 저건 패랭이……."

㉠"우아, 진짜 꽃이네!"

비비가 소리쳤어요.

방 안에 살짝 퍼진 꽃향기에 비비의 마음도 몽글몽글 부풀어 올랐어요.

비비는 이제 비가 와도 행복해질 수 있다는 걸 알았답니다.

*뾰로통한: 못마땅하여 얼굴에 성난 빛이 나타나 있는.
*토닥토닥: 잘 울리지 않는 물체를 잇따라 가볍게 두드리는 소리. 또는 그 모양.

1 내용 이해

이 글에 나오는 인물은 누구누구인지 고르세요. (   )

① 비비   ② 비비의 친구   ③ 비비의 엄마

④ 비비의 아빠   ⑤ 비비의 선생님

2 내용 이해

엄마는 비가 와서 심술이 난 비비에게 어떻게 해 주셨나요? (   )

① 두꺼운 책을 읽어 주셨다.

② 비를 맞으며 놀게 해 주셨다.

③ 꽃을 말리는 법을 알려 주셨다.

④ 말린 꽃으로 행복하게 해 주셨다.

⑤ 비가 멈출 때까지 집 안에서 함께 놀아 주셨다.

3 추론

㉠을 말할 때, 비비의 마음은 어떠했을까요? (   )

① 떨렸을 것이다.   ② 신났을 것이다.

③ 슬펐을 것이다.   ④ 외로웠을 것이다.

⑤ 걱정스러웠을 것이다.

☆ 꽃향기를 맡고 싶어 하던 비비가 말린 꽃을 봤을 때 기분이 어땠을지 생각해 봐.

4 어휘·표현

이 글에 나온 다음 낱말들을 모두 포함하는 말을 글에서 찾아 쓰세요.

| 진달래   개나리   패랭이 |

☆ '진달래', '개나리', '패랭이'는 모두 무엇의 종류인지 생각해 봐.

5 짜임

이 글에서 일이 일어난 차례대로 (   ) 안에 번호를 쓰세요.

(1) 비비가 꽃향기를 맡고 행복해졌다. (   )

(2) 엄마가 비비에게 책 속에 말려 둔 꽃을 보여 주셨다. (   )

(3) 비비가 거실에서 창밖을 보며 비가 온다고 심술을 냈다. (   )

6 감상

비비에게 하고 싶은 말을 알맞게 한 친구를 찾아 ○표 하세요.

(1) 책 좀 많이 읽으렴.
(   )

(2) 너는 왜 꽃향기를 싫어하니?
(   )

(3) 너무 나쁜 쪽으로만 생각하지 마.
(   )

7 적용·창의

다음 이야기 속 인물 중, 비 오는 날을 부정적으로만 생각했던 비비와 성격이 비슷한 인물은 누구인지 쓰세요.

옛날에 두 아들을 둔 어머니가 살았어요. 큰아들은 우산 장수였고, 작은아들은 부채 장수였지요.

어머니는 두 아들 때문에 마음 편할 날이 없었어요. 날씨가 더운 날에는 큰아들의 우산이 안 팔릴까 봐 걱정했고, 비가 오는 날에는 작은아들의 부채가 안 팔릴까 봐 걱정했어요. 그 모습을 보다 못한 이웃집 아주머니가 어머니에게 말했어요.

"날씨가 더우면 부채가 잘 팔리고, 비가 오면 우산이 잘 팔려서 좋다고 생각하는 게 더 낫지 않나요?"

(   )

☆ 부정적으로 생각한다는 것은 그렇지 않다고 딱 잘라서 생각하거나 옳지 않다고 생각하는 것을 말해.

내용 정리

⭐ 빈칸에 알맞은 말을 넣어 오늘 읽은 글의 내용을 정리해 보세요.

> 비비는 ❶(   )가 와서 밖에 나가 꽃향기를 맡으며 놀 수 없어서 심술이 났다. 엄마는 그런 비비에게 행복하게 만들어 주겠다며 ❷(   )을 보여 주셨다. 비비는 말린 꽃에서 나는 ❸(   )를 맡고 비가 와도 행복해질 수 있다는 것을 깨달았다.

어휘 정리

1 빈칸에 알맞은 낱말을 ○보기○에서 찾아 쓰세요.

> ○ 보기 ○   표정   심술   서재

(1) 할아버지의 (   )에는 어려운 책들만 있었다.

(2) 희철이는 (   )이 잔뜩 나서 쿵쿵거리며 걸어갔다.

(3) 민서는 오랜만에 친구를 보자 반가운 (   )을 지었다.

2 빈칸에 알맞은 낱말을 찾아 선으로 이으세요.

(1) 눈물이 [   ] 흘렀다. ·   · ㉮ 요리조리

(2) 아기를 [   ] 달랬다. ·   · ㉯ 주룩주룩

(3) 쥐가 고양이를 피해 [   ] 도망 다녔다. ·   · ㉰ 토닥토닥

지혜로운 아들

1 찬바람이 쌩쌩 부는 어느 겨울날이었습니다.

사또가 이방을 불러 말했습니다.

"여봐라, 이방! 지금 당장 산딸기를 따 오너라."

이방은 사또의 명령을 듣고 어리둥절했습니다.

"사또, 지금은 한겨울이어서 산딸기를 구할 수 없습니다."

그러나 사또는 *막무가내로 산딸기를 따 오라고 했습니다.

"무엇이라고? 내 명령을 *거역하겠다는 소리냐? 내일 아침까지 산딸기를
구해 오지 않으면 큰 벌을 내리겠다."

집으로 돌아온 이방은 걱정을 하다 병이 나서 자리에 눕고 말았습니다.

2 다음 날 이방의 아들은 *관아로 갔습니다.

"너는 이방의 아들이 아니냐? 어찌 이방은 오지 않고 열 살밖에 안 된 네가
온 것이냐?"

사또는 이방의 아들을 보고 놀라서 물었습니다.

"아버지는 산딸기를 구하러 가셨다가 독사에게 물려 움직이지 못하십니다."

"어허, 감히 나에게 거짓말을 하는 것이냐! 뱀은 겨울에 겨울잠을 자서 볼
수 없다는 걸 모르느냐? 여봐라! 당장 이방을 잡아 오너라."

사또가 ㉠어이없다는 듯이 꾸짖자, 이방의 아들은 차분하게 말했습니다.

"맞습니다, 사또. 겨울에 뱀이 없듯이 산딸기도 없습니다."

이 말을 듣고 *코가 납작해진 사또는 아무 말도 하지 못했습니다.

---

*막무가내: 달리 어찌할 수 없음.
*거역: 윗사람의 뜻이나 지시 따위를 따르지 않고 거스름.
*관아: 예전에 관리들이 나랏일을 처리하던 곳.
*코가 납작해지다: 몹시 창피해지거나 기가 죽다.

1 내용 이해

이방이 병이 난 까닭은 무엇인가요? (   )

① 사또가 명령을 너무 많이 내려서

② 산딸기를 따러 갔다가 독사에게 물려서

③ 사또와 함께 산딸기를 따느라 고생을 해서

④ 사또에게 산딸기를 따다 주느라 힘이 들어서

⑤ 산딸기를 구하지 못해 사또에게 큰 벌을 받을까 봐 걱정되어서

2 내용 이해

이방이 병이 나자, 이방의 아들이 한 일은 무엇인지 쓰세요.

| | | 를 만나러 | | | 로 갔다. |

3 추론

글 2에서 사또의 마음은 어떻게 바뀌었는지 알맞은 것에 ○표 하세요.

(1) 슬펐다가 행복해졌다.   (   )

(2) 화가 났다가 부끄러워졌다.   (   )

(3) 신이 났다가 실망스러워졌다.   (   )

4 어휘·표현

㉠'어이없다'와 바꾸어 쓸 수 있는 낱말은 무엇인가요? (   )

① 재미없다   ② 만족한다

③ 뿌듯하다   ④ 어리둥절하다

⑤ 어처구니없다

☆ '어이없다'는 '일이 너무 뜻밖이어서 기가 막히는 듯하다.'라는 뜻이야.

5 짜임

이 글에서 일어난 일을 차례대로 정리하여 기호를 쓰세요.

> ㉮ 이방 아들이 병이 난 아버지 대신 사또를 찾아갔다.
> ㉯ 사또는 이방 아들의 말을 듣고 아무 말도 하지 못했다.
> ㉰ 한겨울에 사또가 이방에게 산딸기를 따 오라고 명령하였다.

(   ) → (   ) → (   )

6 감상

다음은 이 글에 나오는 인물 중에서 누구에게 하고 싶은 말을 한 것인지 쓰세요.

그렇게 막무가내로 행동하면 안 돼요. 억지를 부리지 마세요.

(   )

7 적용·창의

이방 아들의 성격이 다음과 같이 바뀐다면, 글의 내용이 어떻게 바뀔지 가장 알맞은 것에 ○표 하세요.

> 용기가 없고 지혜롭지 못한 성격

(1) 이방 아들이 사또를 찾아가 화를 내며 따졌을 것이다. (   )

(2) 이방 아들이 사또를 찾아가 산딸기 대신 다른 것을 구해 오겠다고 말했을 것이다.

(   )

(3) 이방 아들이 아버지가 큰 벌을 받을까 봐 걱정되어 산딸기를 구하러 다녔을 것이다.

(   )

☆ 이방 아들이 용기 있고 지혜롭기 때문에 한 일이 무엇인지 찾아봐. 성격이 바뀌면 그 행동은 하지 못하겠지?

📝 내용 정리

★ 빈칸에 알맞은 말을 쓰거나 ○표를 하여 오늘 읽은 글의 내용을 정리해 보세요.

> 사또가 한겨울에 이방을 불러 ❶(　　　　　　　)를 따 오라는 명령을 내렸다. 그래서 이방은 걱정을 하다 병이 났다. 이방의 아들은 자리에 누운 아버지 대신 사또를 찾아가 겨울에 ❷(　　)이 없는 것처럼 산딸기도 없다는 말을 하였다. 사또는 이방 아들의 ❸(엉뚱한, 지혜로운) 말을 듣고 아무 말도 하지 못했다.

🔍 어휘 정리

1 다음 문장에 알맞은 낱말을 (　　) 안에서 골라 ○표 하세요.

⑴ 부모님의 뜻을 (거역할, 거두어들일) 수 없었다.

⑵ 친구가 갑자기 화를 내서 (뿌듯하였다, 어리둥절하였다).

⑶ 동생은 장난감을 사 달라고 (공손하게, 막무가내로) 떼를 썼다.

┌→ 둘 이상의 낱말이 어울려 원래의 뜻과는 전혀 다른 새로운 뜻으로 굳어져서 쓰이는 표현을 말해.

2 빈칸에 들어갈 관용어로 알맞은 것에 ○표 하세요.

> 동생은 형에게 까불다가 엄마께 혼이 나서 　　　　　.

⑴	⑵	⑶
코웃음을 쳤다	코가 납작해졌다	콧대가 높아졌다
(　　)	(　　)	(　　)

오늘은 만두 만드는 날

"췟! ㉠그런 거 안 먹으면 좀 어때? 아빠 진짜 미워!"

예은이는 씩씩거리며 자기 방에 틀어박혀* 있었어요. 점심때 당근이랑 시금치를 골라내며 김밥을 먹다가 아빠한테 야단을 맞았거든요.

시간이 지나자 예은이는 혼자 있는 게 점점 심심해졌어요. 그래서 방문을 빼꼼 열었는데 부엌이 시끌시끌했어요.

예은이는 부엌으로 가 보았어요. 식탁 위에는 밀가루, 달걀, 두부, 고기, 당근, 시금치 등이 잔뜩 놓여 있었어요.

"아빠, 지금 뭐 하시는 거예요?"

"우리 딸이 제일 좋아하는 만두 만드는 중이지. 같이 할래?"

아빠는 그릇에 담긴 밀가루에 당근 즙을 넣고는 조물조물 반죽을 하셨어요. 당근은 정말 싫었지만 반죽하는 건 재미있어 보였어요.

결국 예은이도 팔을 걷어붙였어요.* 재미있는 일에 빠질 예은이가 아니거든요.

"아빠, 나는 꽃 모양 만두를 만들래요. 주황색 예쁜 꽃이요."

"그럼 시금치로 만든 이 초록색 반죽도 줄까? 잎사귀를 만들어 붙일래?"

시금치란 말에 예은이는 저절로 눈살이 찌푸려졌어요.* 하지만 주황색 꽃에 초록색 잎이 정말 예쁠 것 같았어요. 그래서 조심스럽게 고개를 끄덕였어요.

"예은이가 만든 꽃 만두가 정말 예쁘겠는걸! 도저히 안 먹고는 못 배기겠다.* 그치?"

아빠는 이렇게 말씀하시며 엄마를 향해 눈을 찡긋하셨어요.

* 틀어박혀: 밖에 나가지 않고 일정한 공간에만 머물러 있어.
* 팔을 걷어붙이다: 어떤 일에 적극적으로 나서서 하다.
* 눈살을 찌푸리다: 마음에 들지 않아 두 눈썹 사이를 찡그리다.
* 배기겠다: 참기 어려운 일을 잘 참고 견디겠다.

1

어휘·표현

이 글에서 일이 일어난 장소는 예은이 방에서 어디로 옮겨졌는지 찾아 쓰세요.

예은이 방 → | | |

2

내용 이해

㉠'그런 거'는 무엇을 가리키는지 알맞은 것을 두 가지 고르세요. (   )

① 김밥   ② 두부   ③ 당근
④ 만두   ⑤ 시금치

3

내용 이해

아빠는 당근과 시금치를 싫어하는 예은이를 위해 어떻게 하셨나요? (   )

① 당근과 시금치를 빼고 김밥을 만드셨다.
② 당근과 시금치를 빼고 만두를 만드셨다.
③ 당근과 시금치를 이용해 만두를 만드셨다.
④ 당근과 시금치로 즙을 내 주스를 만드셨다.
⑤ 당근과 시금치를 이용한 미술 놀이를 준비하셨다.

4

추론

이 글의 내용으로 보아, 예은이가 방에 있는 동안 엄마와 아빠가 나누셨을 대화의 내용으로 가장 알맞은 것은 무엇인가요? (   )

① 예은이가 김밥을 먹게 할 방법
② 예은이가 방에서 나오게 할 방법
③ 예은이가 만두를 만들게 할 방법
④ 예은이가 당근과 시금치를 먹게 할 방법
⑤ 예은이가 당근과 시금치를 사 오게 할 방법

☆ 아빠가 만두를 만들기 시작하신 까닭이 무엇일지 생각해 봐.

5 짜임

이 글에서 가장 나중에 일어난 일의 기호를 쓰세요.

> ㉮ 예은이가 방에 틀어박혀 있다가 나와 보니 아빠가 만두를 만들고 계셨다.
>
> ㉯ 예은이가 당근과 시금치를 골라내며 김밥을 먹다가 아빠한테 야단을 맞았다.
>
> ㉰ 예은이가 당근과 시금치가 들어간 반죽으로 꽃 모양 만두를 만들겠다고 했다.

(   )

6 감상

예은이에게 해 주고 싶은 말을 알맞게 한 친구를 찾아 ○표 하세요.

(1) 나도 만두보다 김밥이 좋아. (   )

(2) 넌 혼자 있는 걸 참 좋아하는구나. (   )

(3) 음식을 골고루 먹어야 몸이 튼튼해져. (   )

7 적용·창의

이 글 뒤에 이어질 내용으로 가장 알맞은 것은 무엇인가요? (   )

① 예은이가 김밥을 싫어하게 되었다.

② 아빠도 당근과 시금치를 싫어하게 되셨다.

③ 예은이가 갑자기 당근과 시금치를 싫어하게 되었다.

④ 예은이네 집에서 다시는 당근과 시금치를 먹을 수 없게 되었다.

⑤ 예은이가 자신이 만든 만두를 먹고 당근과 시금치를 좋아하게 되었다.

☆ 글에서 일어난 일 때문에 어떤 일이 새롭게 일어날 수 있을지 생각해 봐.

📑 내용 정리

⭐ 빈칸에 알맞은 말을 넣어 오늘 읽은 글의 내용을 정리해 보세요.

예은이가 ❶(　　　　　)과 시금치를 골라내며 김밥을 먹다가 아빠한테 야단을 맞았다. 방에 틀어박혀 있다 심심해진 예은이가 밖으로 나와 보니 아빠와 엄마가 부엌에서 ❷(　　　　　)를 만들고 계셨다. 예은이는 반죽하는 일이 재미있어 보여서 당근과 시금치가 들어간 반죽으로 ❸(　　　) 모양 만두를 만들어 보겠다고 했다.

🔍 어휘 정리

1 다음 문장에 알맞은 낱말을 (　　) 안에서 골라 ○표 하세요.

⑴ 호랑이는 못 (배기고, 베이고) 결국 굴을 뛰쳐나갔다.

⑵ 동생은 화가 나서 (까불거리며, 씩씩거리며) 앉아 있었다.

⑶ 아침부터 방 안에 (틀어져서는, 틀어박혀서는) 나오질 않는다.

2 밑줄 친 관용어와 뜻이 비슷하여 바꾸어 쓸 수 있는 말은 무엇인가요? (　　　　)

예은이는 만두 만드는 일에 팔을 걷어붙였어요.

① 기가 죽었어요　　　　　　　② 마음이 통했어요

③ 뒤로 물러났어요　　　　　　　④ 한숨을 돌렸어요

⑤ 적극적으로 나섰어요

옷장 정리한 날

'어, 그 옷이 어디 있지?'

나는 할머니께서 생일 선물로 사 주신 티셔츠를 찾느라 엄마가 방에 들어오신 줄도 몰랐다.

"후유! 시후야, 옷들을 몽땅 꺼내 놓고 뭐 하는 거야?"

엄마는 *난장판이 된 방을 보시고는 땅이 꺼지도록 긴 한숨을 쉬셨다.

"엄마, 줄무늬 티셔츠가 안 보여요."

"그저께 옷장 서랍에 잘 넣으라고 엄마가 ㉠개어 줬는데 어디다 넣은 거야? 안되겠다. 주말에 함께 옷장 정리를 하려고 했는데, 어쩔 수 없이 지금 해야겠구나."

㉡"네? 지금요?"

나는 자전거를 타러 나가지 못하게 되자, 순간 짜증이 났다. 그러나 엄마 말씀을 따를 수밖에 없었다.

나는 먼저 내가 옷장에서 꺼내 놓은 옷들 중에서 작아서 입을 수 없는 옷들을 골라냈다. 엄마는 그중에서 멀쩡한 옷들을 따로 모아 종이 가방에 담으셨다. 엄마는 그 옷들을 *기부하자고 하셨다.

㉢옷장 정리가 끝나 갈 때쯤, 나는 갑자기 생각이 나 *무릎을 치며 벌떡 일어났다. 잽싸게 책상 서랍을 열어 보니 그 안에 줄무늬 티셔츠가 들어 있었다.

"시후, 너 그때 게임하느라 티셔츠를 대충 그 안에 넣은 거지?"

내가 *멋쩍어서 뒷머리를 긁적이며 웃자, 엄마도 말없이 따라 웃으셨다.

＊난장판: 여러 사람이 뒤섞여 시끄럽게 하거나 뒤엉켜 뒤죽박죽이 된 곳. 또는 그런 상태.

＊기부: 남을 도우려고 돈이나 물건을 대가 없이 내놓음.

＊무릎을 치다: 갑자기 어떤 놀라운 사실을 알게 되었거나 희미한 기억이 되살아날 때, 또는 몹시 기쁠 때 무릎을 탁 치다.

＊멋쩍어서: 어색하고 쑥스러워서.

1 　내용 이해

'나'와 엄마가 함께 한 일은 무엇인가요? (　　　)

① 옷 개기
② 자전거 타기
③ 옷장 정리하기
④ 책상 정리하기
⑤ 집 안 청소하기

2 　어휘·표현

밑줄 친 말이 ㉠에 쓰인 '개다'와 같은 뜻으로 쓰이지 <u>않은</u> 것에 ×표 하세요.

(1) 빨래가 다 말라서 갰다. 　　　　　　　　　　　　　　　　　　(　　　)

(2) 오랜만에 날씨가 활짝 갰다. 　　　　　　　　　　　　　　　　　(　　　)

(3) 아침에 일어나자마자 이불을 갰다. 　　　　　　　　　　　　　　(　　　)

☆ '옷이나 이부자리 따위를 겹치거나 접어서 단정하게 포개다.'라는 뜻으로 쓰이지 않은 것을 찾아봐.

3 　추론

㉡에 담겨 있는 '나'의 마음으로 알맞은 것은 무엇인가요? (　　　)

① 무섭다.
② 창피하다.
③ 죄송하다.
④ 못마땅하다.
⑤ 기대가 된다.

☆ ㉡을 말할 때 '나'의 상황이 어떠한지 떠올려 봐.

4 　추론

㉢에서 '내'가 무릎을 친 까닭은 무엇일지 알맞은 것의 기호를 쓰세요.

> ㉮ 줄무늬 티셔츠를 넣어 둔 곳이 생각났기 때문이다.
> ㉯ 친구와 자전거를 타기로 약속한 것이 생각났기 때문이다.
> ㉰ 무릎을 꿇고 오래 앉아 있었더니 다리가 아팠기 때문이다.

(　　　　　　　)

5 이 글의 내용으로 보아, 가장 먼저 일어난 일의 기호를 쓰세요.

짜임

> ㉮ '나'와 엄마는 옷장 정리를 했다.
> ㉯ '나'는 줄무늬 티셔츠를 책상 서랍에 넣었다.
> ㉰ '나'는 할머니께 줄무늬 티셔츠를 선물받았다.
> ㉱ '나'는 줄무늬 티셔츠를 찾느라 방을 어지럽혔다.

(   )

6 이 글에 나오는 '나'에게 충고하는 말을 가장 알맞게 한 친구는 누구인가요? (   )

감상

① 가희: 옷을 깨끗이 입도록 해.
② 승환: 비싼 옷이 꼭 좋은 옷은 아니야.
③ 재진: 숙제를 끝내고 놀러 나가면 어떨까?
④ 도영: 아무리 급해도 제자리에 물건을 두어야지.
⑤ 선규: 어려운 사람들에게 베풀면서 살면 좋겠어.

☆ '충고'는 남에게 잘못을 고치거나 앞으로 어떻게 하라고 진심으로 좋게 타이르거나 일러 주는 것을 말해.

7 이 글에 나오는 '내'가 나중에 엄마께 문자 메시지를 보냈다고 합니다. 문자 메시지의 내용으로 알맞지 <u>않은</u> 것에 ×표 하세요.

적용·창의

(1) 옷을 기부하기로 한 일은 참 멋진 일인 것 같아요.

(   )

(2) 앞으로 제 옷장을 열어 보실 때는 미리 말씀해 주세요.

(   )

(3) 앞으로는 옷을 아무 데나 넣지 않고 옷장에 잘 정리할게요.

(   )

📝 내용 정리

★ 빈칸에 알맞은 말을 쓰거나 ○표를 하여 오늘 읽은 글의 내용을 정리해 보세요.

> '나'는 줄무늬 티셔츠를 찾으려고 옷장에 있는 옷을 몽땅 꺼냈다. 난장판이 된 방을 보신 엄마는 '나'에게 ❶(   )를 함께 하자고 하셨다. 엄마는 ❷(멀쩡한, 멋있는) 옷만 따로 모아 기부를 하자고 하셨다. '나'는 ❸(   ) 안에 줄무늬 티셔츠를 넣어 두었던 일이 생각나 줄무늬 티셔츠를 찾았다.

🔍 어휘 정리

1 빈칸에 알맞은 낱말을 ○보기○에서 찾아 쓰세요.

> ○보기○   한숨   기부   난장판

(1) 마을 도서관에 책을 (   )하러 갔다.

(2) 강아지가 집 안을 (   )으로 만들었다.

(3) 너무 힘이 들어서 나도 모르게 (   )을 쉬었다.

2 밑줄 친 말이 다음의 뜻으로 쓰이지 <u>않은</u> 것에 ×표 하세요.

> 갑자기 어떤 놀라운 사실을 알게 되었거나 희미한 기억이 되살아날 때, 또는 몹시 기쁠 때 무릎을 탁 치다.

(1) 승윤이가 "아하!" 하며 <u>무릎을 치더니</u> 벌떡 일어났다.   (   )

(2) 나는 졸고 있는 은지의 <u>무릎을 치며</u> "야, 일어나!"라고 말했다.   (   )

(3) 지호가 내 말을 듣더니 "그래, 바로 그거야!" 하며 <u>무릎을 쳤다.</u>   (   )

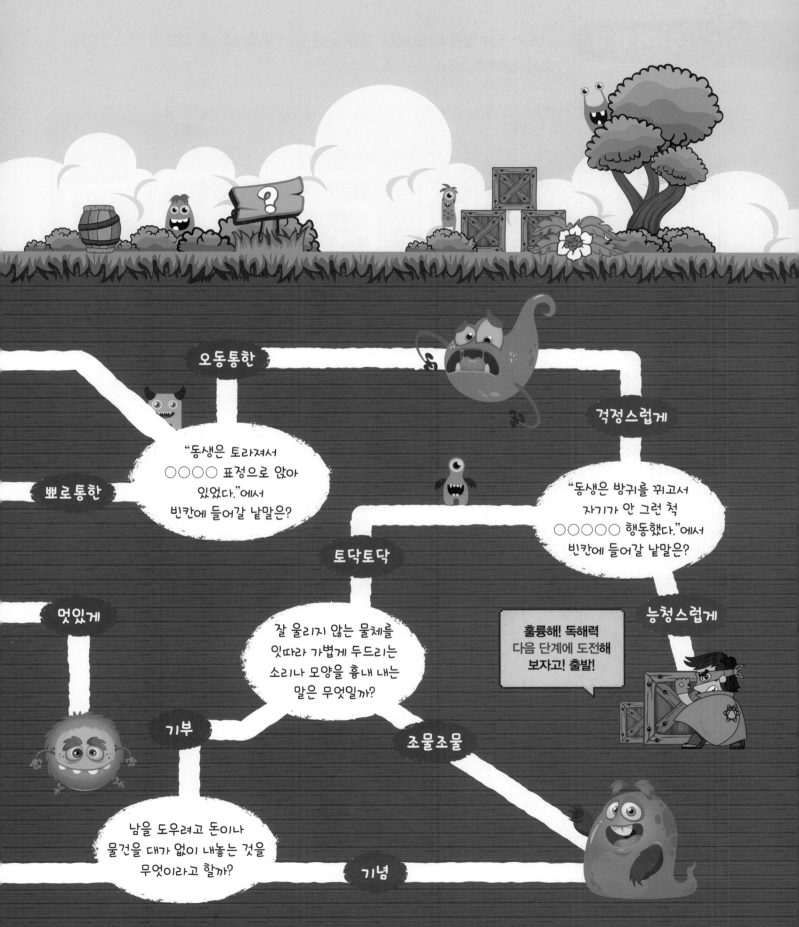

쉬어가기 염소가 잠수함을 타고 바다 깊은 곳에 있는 보물 상자를 찾으러 가고 있어요.
길을 찾아 주세요!

정답 및 해설 16쪽에서 확인하세요.

시는 글쓴이의 생각이나 느낌을 리듬감 있게 표현한 글이에요. 시의 리듬감은 반복되는 말과 일정한 글자 수에서 느낄 수 있지요. 시를 읽을 때 장면을 떠올리고 인물의 마음에 공감하며 읽으면 시의 재미와 즐거움을 더욱 깊이 느낄 수 있어요.

비법　주제 〉〉 **중심 글감 파악하기**

'중심 글감'은 글에서 가장 중요하게 다루는 재료를 말해.

아래 시는 무슨 내용을 노래하고 있지? 시에서 **자주 나오는 낱말**이 있을 거야. 그게 바로

중심 글감인 거지. 그리고 **시의 제목**으로도 중심 글감을 파악할 수 있어! 봐봐. 똑같지?

예시 문제　　다음 시의 중심 글감은 무엇인가요? (　　　　)

이슬비 내리는 이른 아침에　　〇: 자주 나오는 낱말

(우산) 셋이 나란히 걸어갑니다.

파란 (우산) 검정 (우산) 찢어진 (우산)

좁다란 학교 길에 (우산) 세 개가

이마를 마주 대고 걸어갑니다.

윤석중, 「우산」
시의 제목

① 이마　　　　　　② 우산　　　　　　③ 이슬비

④ 학교 길　　　　　⑤ 이른 아침

연습 문제 1 다음 시의 제목으로 알맞은 것은 무엇인가요? (   )

> 학교 가는 길가에
> 달팽이 한 마리
>
> 기다란 목을 빼고
> 느릿느릿 걸어간다.
>
> 어디로 가는 걸까,
> 조그만 집을 업고.
>
> 　　　　　　　　 김종상

① 집　　　　　　　② 길가　　　　　　　③ 학교

④ 달팽이　　　　　⑤ 기다란 목

연습 문제 2 다음 시는 무엇을 보고 쓴 시인지 알맞은 것에 ○표 하세요.

> 고맙습니다.
> 고맙습니다.
>
> 조그만
> 도토리도
>
> 두 손으로
> 받쳐 들고 먹지요.
>
> 　　　　　　 박두순, 「다람쥐」

(1)  (   )

(2)  (   )

(3)  (   )

어휘·표현 >> 반복되는 말 파악하기

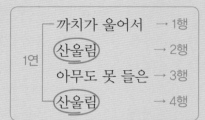

시는 이야기와 형식이 좀 다른 거 알아? 시는 행과 연으로 이루어져 있어. '**행**'은 시의 **한 줄 한 줄**이고, '**연**'은 행이 모여 이룬 덩어리야. 시에는 **같은 말이 두 번 이상 나올 때**가 있어. 그걸 '반복되는 말'이라고 하지. 어떤 때는 **행과 연이 통째로 반복**되기도 해.

예시 문제 | 다음 시에서 반복되는 말이 <u>아닌</u> 것은 무엇인가요? (　　　)

> 빨랫줄에 걸어 논
> 요에다 그린 지도
> 지난 밤에 내 동생
> 오줌 싸 그린 지도
>
>
> 꿈에 가 본 엄마 계신
> 별나라 지돈가?
> 돈 벌러 간 아빠 계신
> 만주땅 지돈가?
>
> 윤동주, 「오줌싸개 지도」

① ~에　　　　　　② 계신　　　　　　③ 지돈가?
④ 지난 밤　　　　　⑤ 그린 지도

1 다음 시에서 반복되는 말을 두 가지 찾아 쓰세요.

귀뚜라미와 나와
잔디밭에서 이야기했다.

귀뚤귀뚤
귀뚤귀뚤

아무에게도 알려 주지 말고
우리 둘만 알자고 약속했다.

귀뚤귀뚤
귀뚤귀뚤

윤동주, 「귀뚜라미와 나와」

~ ☐☐ , ☐☐☐☐

2 다음 시에서 반복되는 말을 모두 고르세요. (   )

깊고 깊은 산속에
옹달샘 하나
맑고 맑은 물속에
파아란 하늘

조롱박 하나 가득
물 마시면
입 속으로 들어오는
파아란 하늘

손광세, 「옹달샘」

① 하나
② ~속에
③ 옹달샘
④ 조롱박
⑤ 파아란 하늘

8 DAY

비법 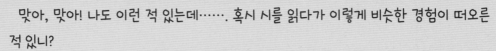 감상 >> 비슷한 경험 떠올리기

맞아, 맞아! 나도 이런 적 있는데······. 혹시 시를 읽다가 이렇게 비슷한 경험이 떠오른 적 있니?

시 속 인물이 **어떤 말이나 행동을 했는지, 어떤 마음인지** 알게 되는 순간, 비슷한 경험이 떠오를 때가 있을 거야. 그래서 이런 문제를 풀 때는 <u>전체 내용을 파악</u>하는 게 좋아.

예시 문제 다음 시를 읽고 비슷한 경험을 떠올려 말한 친구를 찾아 ○표 하세요.

난, 난 울 엄마가
제일이라고
순이는 제 엄마가
제일이라고.

난, 난 순이 엄마가
다음 간다고
순이는 울 엄마가
다음 간다고.

서로들 우기다가
가위, 바위, 보
뉘 엄마가 제일 좋은가
가위, 바위, 보.

이종택, 「가위바위보」

'나'와 순이가
무엇을 하고 있는지,
어떤 마음인지
파악해 봐.

(1) 서영: 동생과 싸웠는데 엄마가 나만 혼내서 속상한 적이 있어.　　　　　　(　　　)

(2) 재혁: 친구들과 가위바위보를 할 때마다 내가 이겨서 기분이 좋았어.　　　　(　　　)

(3) 은지: 체험 학습을 갔을 때 누구 엄마 김밥이 제일 맛있는지 친구들끼리 서로 뽐낸 적이
있어.　　　　　　　　　　　　　　　　　　　　　　　　　　　　　　(　　　)

연습 문제 1 다음 시를 읽고 떠올릴 수 있는 경험으로 알맞은 것은 무엇인가요? (   )

> 누구 키가 더 큰가   똑같구나 똑같애
> 어디 한번 대보자   내일 다시 대보자
>
> 올라서면 안 된다
> 발을 들면 안 된다   윤석중, 「키 대보기」

① 살을 빼서 좋았던 경험
② 친구와 다투어서 속상했던 경험
③ 가족과 여행을 떠나 행복했던 경험
④ 친구들과 키 재기 놀이를 했던 경험
⑤ 준비물을 챙겨 오지 않아서 당황했던 경험

연습 문제 2 다음 시의 말하는 이와 비슷한 경험을 말하려면 어떤 일을 떠올려야 할지 알맞은 것에 ○표 하세요.

> 엄마가 아끼시는   친구와 놀다가
> 물컵을 깨트렸다.   숙제를 못 했다.
> 엄마가 아시면 어쩌지?   선생님께 혼나면 어쩌지?
> 잠이 오지 않는다.   잠이 오지 않는다.
>   김종상, 「잠이 오지 않는다」

(1) 스스로 자랑스러웠던 일   (   )
(2) 실수를 해서 걱정했던 일   (   )
(3) 엄마와 선생님께 감사했던 일   (   )

적용·창의 >> 표현 바꾸어 쓰기

시의 표현을 바꾸어 쓰려면 **무슨 내용의 시인지 파악**하는 게 먼저야. 그러고 나서 바꾸어야 할 부분이 어디인지 살펴봐.

다양하게, 재미있게 바꿀 수 있겠지만, 너무 엉뚱하게 바꿔 쓰면 안 돼. **비슷한 말**로 바꾸거나 **실감 나게** 바꿔 보자. 단, 원래 내용과 전혀 다르게 바꾸면 땡!

예시 문제   ㉠'참 맛있겠다'와 바꾸어 쓸 수 있는 말로 가장 알맞은 것은 무엇인가요? (   )

잘 익은 딸기
한 알을 보고

눈이 뭐랬게?
–'참 빨갛다' 했지.

코는 뭐랬게?
–'참 향기롭다' 했지.

입은 뭐랬게?
–'㉠참 맛있겠다' 했지.
_{입이 딸기를 보고 한 말}

잘 익은 딸기
한 알을 보고……

문삼석, 「딸기를 보고」

잘 익은 딸기
한 알을 본 느낌을
색, 냄새, 맛으로 나누어
실감 나게 표현했어.

① 참 예쁘다   ② 참 잘 자랐다
③ 참 달콤하겠다   ④ 참 구수하겠다
⑤ 참 시원하겠다

다음 시의 1연을 바꾸어 쓸 때, ㉠과 ㉡의 '치마' 대신 쓸 수 있는 말을 두 가지 고르세요. (   )

> 빨랫줄에 걸려 있는
> 엄마 ㉠치마 곁에
> 내 ㉡치마도 조그맣게
> 걸려 있어요.
>
> 댓돌 위에 놓여 있는
> 엄마 신발 곁에
> 내 신발도 가지런히
> 놓여 있어요.
>
> 김종상, 「엄마 곁에」

① 바지　　　　② 안경　　　　③ 양말
④ 화장품　　　⑤ 휴대 전화

다음 시의 일부분을 바꾸어 쓸 때, ㉠과 ㉡의 '느릿느릿'과 바꾸어 쓸 수 있는 흉내 내는 말은 무엇인가요? (   )

> 암만 배가 고파도
> ㉠느릿느릿 먹는 소.
>
> 비가 쏟아질 때도
> ㉡느릿느릿 걷는 소.
>
> 기쁜 일이 있어도
> 한참 있다 웃는 소.
>
> 슬픈 일이 있어도
> 한참 있다 우는 소.
>
> 윤석중, 「소」

① 후다닥　　　　② 깡충깡충
③ 날름날름　　　④ 덩실덩실
⑤ 어기적어기적

☐엔 다 떨지

권영상

나도 처음엔 떨었지.
3월, 그 학교의 교문을
들어설 적엔
나도 *괜스레 두려움에 떨었지.

우뚝 서 있는 철봉대를 보고도
*엉겁결에 안녕, 했고
운동장에 굴러다니는 돌멩이를 밟고도
어, 미안해!
그러며 *굽실거렸지.

*낯선 곳에 들어서면
누구나 처음엔 떨지.

– ㉠제 이름은 홍방구입니다.
홍방규인 내 이름도
달달달 떨릴 때는
홍방구라 하는 수가 있지.

* 괜스레: 괜히. 아무 까닭 없이. 또는 쓸데없이.
* 엉겁결: 미처 생각하지 못하거나 뜻하지 않은 순간.
* 굽실거렸지: 고개나 허리를 자꾸 가볍게 앞으로 구부렸다 폈지.
* 낯선: 사물이 눈에 익지 않은.

1
주제

이 시에 어울리는 제목을 지어 보세요.

┌──┬──┐
│　│　│ 엔 다 떨지
└──┴──┘

☆ 시에서 자주 나오는 낱말을 찾아봐.

2
내용 이해

말하는 이는 무엇을 하고 있나요? (   )

① 운동장에서 뛰어놀고 있다.

② 부모님께 감사의 편지를 쓰고 있다.

③ 친구의 별명을 부르며 놀리고 있다.

④ 입학식 날 학교에 갔던 때를 떠올리고 있다.

⑤ 전학을 가게 되어 친구들과 헤어지는 상황을 상상하고 있다.

3
어휘·표현

1연에서 반복되는 말을 두 가지 더 찾아 쓰세요.

┌──┬──┐   ┌──┬──┬──┐
│　│　│ , ~엔, │　│　│　│
└──┴──┘   └──┴──┴──┘

4
추론

말하는 이가 ㉠과 같이 말한 까닭으로 알맞은 것의 기호를 쓰세요.

┌─────────────────────────────────────┐
│ ㉮ 낯선 친구들 앞이라 떨려서 │
│ ㉯ 친구들에게 웃음을 주고 싶어서 │
│ ㉰ 잘 모르는 친구들에게 진짜 이름을 알려 주고 싶지 않아서 │
└─────────────────────────────────────┘

(   )

5

주제

말하는 이가 이 시에서 표현하고 싶은 것은 무엇인가요? (   )

① 학교 운동장의 평화로움

② 친구를 사귀고 싶은 간절함

③ 학교를 다니게 되어 행복한 마음

④ 낯선 학교에 처음 갔을 때의 두려움

⑤ 친구가 이사를 가게 되어 안타까운 마음

☆ 말하는 이는 무엇을 하고 있는지, 말하는 이의 마음은 어떠한지 생각해 봐.

6

 감상

이 시를 읽고 비슷한 경험을 떠올려 말한 친구는 누구인가요? (   )

① 예진: 나도 늦잠을 자서 지각했던 적이 있어.

② 송아: 수업 끝나고 놀다가 집에 늦게 가서 꾸중을 들었어.

③ 희철: 나도 내 이름이 마음에 안 들어서 울었던 적이 있어.

④ 성규: 전학 간 첫날 교실로 들어가려는데 용기가 나지 않았어.

⑤ 정윤: 나도 철봉에서 떨어진 적이 있어서 철봉대만 보면 아직까지 두려워.

7

적용·창의

이 시의 일부분을 바꾸어 쓸 때, 밑줄 친 '달달달'과 바꾸어 쓸 수 있는 말을 두 가지 고르세요. (   )

> ─ 제 이름은 홍방구입니다.
> 홍방규인 내 이름도
> <u>달달달</u> 떨릴 때는
> 홍방구라 하는 수가 있지.

① 척척

② 덜덜덜

③ 두근두근

④ 대롱대롱

⑤ 껑충껑충

☆ 떨리는 상황에서 사용할 수 있는 흉내 내는 말을 생각해 봐.

📖 내용 정리

⭐ 빈칸에 알맞은 말을 넣어 오늘 읽은 글의 내용을 정리해 보세요.

> 말하는 이는 3월 입학식 날 학교 교문을 들어설 때 괜한 ❶( )에 떨었
> 다. 운동장에 있는 철봉대를 보고 자기도 모르게 인사하고, ❷( )를 밟고
> 사과했다. 또 친구들 앞에서 이름을 소개할 때 '홍방규'를 ❸'( )'로 잘못
> 소개했다. 누구나 처음 낯선 곳에 혼자 놓이면 떨 수 있음을 잘 표현한 시이다.

📖 어휘 정리

1 빈칸에 알맞은 낱말을 ○보기○에서 찾아 쓰세요.

> ○ 보기 ○   우뚝   두려움   엉겁결

(1) 길을 가다가 ( ) 솟은 돌부리에 걸려 넘어졌다.

(2) 발표 순서가 다가오자, 초조함과 ( ) 때문에 엄청 떨렸다.

(3) 너무 정신이 없어서 ( )에 동생의 부탁을 들어주기로 약속해 버렸다.

2 빈칸에 들어갈 관용어로 알맞은 것에 ○표 하세요.

> 3월 입학식 날 학교에 가야 하는데 긴장되어서 ▨▨▨▨.

(1) 발바닥에 불이 났다 → 서둘러서 급하게 여기저기 돌아다닌다는 뜻.　　　　( )

(2) 발이 떨어지지 않았다 → 근심이나 걱정, 아쉬움 등으로 인해 마음 편하게 떠날 수가 없
　　다는 뜻.　　　　　　　　　　　　　　　　　　　　　　　　　　　　　　( )

씨 하나 묻고

윤복진

*봉사나무
씨 하나
꽃밭에 묻고,

*하루해도
다 못 가 ⌐ ㉠
파내 보지요.

*아침결에
묻은 걸
파내 보지요.

* 봉사나무: '봉선화'의 전라도 사투리.
* 하루해: 해가 떠서 질 때까지의 동안.
* 아침결: 아침때가 지나는 동안.

1

시 속 인물은 봉사나무 씨를 어디에 묻었는지 쓰세요.

2

시 속 인물이 ㉠과 같이 행동한 까닭으로 알맞은 것의 기호를 쓰세요.

> ㉮ 다른 꽃씨로 바꿔 심고 싶어서
> ㉯ 꽃씨에서 싹이 난 것을 발견해서
> ㉰ 꽃이 필 때까지 기다릴 수가 없어서

(   )

3

이 시를 읽고 시 속 인물에 대해 알 수 있는 것을 두 가지 고르세요. (   )

① 참을성이 없다는 것
② 호기심이 많다는 것
③ 마음씨가 따뜻하다는 것
④ 책 읽는 것을 좋아한다는 것
⑤ 혼자 있는 것을 두려워한다는 것

☆ 하루해도 다 못 가 씨를 파낸 행동을 통해 알 수 있는 성격은 뭘까?

4

이 시에서 반복되는 말은 무엇인가요? (   )

① 씨   ② 묻은   ③ 아침결에
④ 봉사나무   ⑤ 파내 보지요

5

감상

이 시를 읽고 떠오르는 장면으로 알맞은 것에 ○표 하세요.

(1)

(   )

(2)

(   )

(3)

(   )

☆ 시의 내용이 잘 드러난 장면을 찾아봐.

6

 감상

시 속 인물과 비슷한 경험을 떠올려 말한 친구는 누구인지 쓰세요.

수현: 친구들과 감자 캐기 체험 학습을 갔을 때 정말 즐거웠어.

강준: 할머니께서 봉선화 꽃잎을 따서 손톱에 물을 들여 주셨어.

정석: 학교 연못에 개구리알이 있었는데, 언제 올챙이가 나오나 궁금해서 쉬는 시
간마다 가서 들여다본 적이 있어.

(   )

7

 적용·창의

이 시의 일부분을 바꾸어 쓰려고 합니다. ㉮'봉사나무', ㉯'꽃밭'과 바꾸어 쓸 수 있는
말이 알맞게 짝 지어진 것은 무엇인가요? (   )

㉮봉사나무
씨 하나
㉯꽃밭에 묻고,

① ㉮: 미역, ㉯: 나무
② ㉮: 채송화, ㉯: 화분
③ ㉮: 나팔꽃, ㉯: 서랍
④ ㉮: 거북이, ㉯: 침대
⑤ ㉮: 장미꽃, ㉯: 유리창

📝 내용 정리

⭐ 빈칸에 알맞은 말을 쓰거나 ○표를 하여 오늘 읽은 글의 내용을 정리해 보세요.

> 시 속 인물은 아침결에 봉사나무 ❶(   )를 ❷(   )에 묻었다. 그런데 씨를 묻은 지 하루해도 못 가서 다시 파내고야 말았다. ❸(부끄러움, 호기심)이 가득한 아이의 모습이 잘 드러나는 시이다.

🔍 어휘 정리

1 빈칸에 알맞은 낱말을 ○보기○에서 찾아 쓰세요.

> ○보기○   씨   꽃밭   하루해

(1) 가게에 손님이 없어서 (   )가 몹시 길게 느껴졌다.

(2) 봄이 되자, 농부는 밭을 갈고 (   )를 뿌리기 시작했다.

(3) 우리 집 (   )에는 여러 색깔의 장미가 활짝 피어 있다.

2 밑줄 친 '묻다'가 ○보기○와 같은 뜻으로 쓰인 것에 ○표 하세요.

> ○보기○   키우던 병아리가 죽어서 마을 뒷산에 묻어 주었다.

(1) 옷에 흙이 묻다.   (   )

(2) 땅속에 항아리를 묻다.   (   )

(3) 지나가는 사람에게 길을 묻다.   (   )

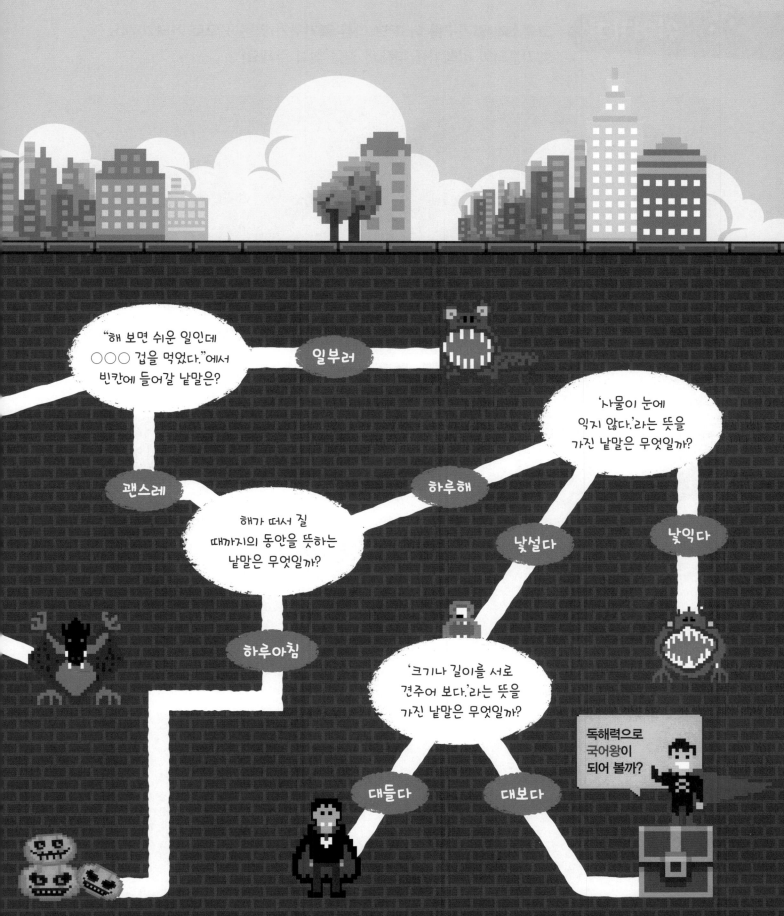

코뿔소가 열기구를 타고 또 다른 열기구가 있는 곳으로 가려고 해요.
헬리콥터와 비행기를 피해서 길을 찾아 주세요!

정답 및 해설 16쪽에서 확인하세요.

정보가 담긴 글

정보가 담긴 글에는 설명하는 글, 기행문, 전기문, 기사문 등이 있어요. 읽는 이에게 정보를 주기 위해 쓴 글이지요. 정보가 담긴 글은 무엇에 대하여 어떤 정보를 주고 있는지 파악하며 읽어야 해요.

비법 주제 >> 제목 붙이기

제목에는 글의 중심 내용이 잘 드러나. 그래서 제목만 봐도 "이 글은 이런 내용이겠구나." 하고 짐작할 수 있어.

글에 자주 나오는 **낱말**이나 **중심 내용**을 가지고 그럴싸한 제목을 붙여 봐.

예시 문제 다음 글의 제목으로 알맞은 것은 무엇인가요? (   )

(측우기)는 비의 양을 재는 기구예요. 조선 시대에 만들어졌지요.
└ 설명하는 대상
세종 대왕은 전국에 똑같은 모양과 크기의 (측우기)를 설치하여 비의 양을 *측정하게 했어요.

(측우기)는 빗물이 고이는 통과 이것을 받치는 측우대로 이루어져 있어요. 비가 그치면 이 빗물 통에 21센티미터의 자를 꽂아 고인 빗물의 깊이를 쟀어요. 그렇게 해서 비가 온 양을 측정했지요.

조선 시대에는 (측우기)를 통해 어느 지방에 언제, 얼마만큼 비가 왔는지 알 수 있어 농사지을 시기를 *예측할 수 있었어요. 또 측정된 비의 양을 보고 언제 가뭄이 들지, 언제 홍수가 날지 예측하여 대비했어요.

▲ 측우기

* 측정하게: 길이, 높이, 무게 등을 재어서 수로 나타내게.
* 예측할: 앞으로의 일을 미리 추측할.

① 측우기
② 비의 양
③ 세종 대왕
④ 조선 시대
⑤ 가뭄과 홍수

연습 문제 1 다음 글에서 설명하는 내용에 어울리는 제목을 붙이려고 합니다. 빈칸에 알맞은 말을 글에서 찾아 쓰세요.

> 대나무는 여러 가지 쓰임새가 있습니다.
>
> 첫째, 여러 가지 물건을 만드는 재료로 씁니다. 부채, *대자리, 대바구니 같은 생활에 필요한 물건을 만들 때 쓰기도 하고, 집이나 건물 등을 지을 때 쓰기도 합니다.
>
> 둘째, 먹을 것을 만드는 재료로 씁니다. 대나무의 땅속줄기에서 돋아나는 연한 싹을 '죽순'이라고 합니다. 죽순은 아삭거리고 향이 독특해서 많은 사람들이 즐기는 식품입니다.
>
> * 대자리: 대나무를 가늘게 쪼개 엮어 만든 자리.

 ▲ 대나무　 ▲ 죽순

대나무의 ☐☐☐

연습 문제 2 다음 글에서 설명하는 것은 무엇인가요? (　　　)

> 떡볶이를 만들려면 먼저 재료를 준비해야 합니다. 떡, 어묵, 양배추, 고추장, 고춧가루, 설탕, 물 등을 준비합니다.
>
> 재료 준비가 끝나면 떡볶이를 만듭니다. 냄비에 물을 붓고 고추장과 고춧가루, 설탕을 한두 숟가락 정도 넣습니다. 물이 끓으면 떡, 어묵, 양배추 등을 넣습니다. 재료가 잘 익을 때까지 주걱으로 골고루 저어 줍니다.

① 떡볶이 맛집　　　　　　② 떡볶이의 종류
③ 떡볶이의 다양한 맛　　　④ 떡볶이를 만드는 방법
⑤ 떡볶이 재료를 손질하는 방법

비법

내용 이해 >> 알게 된 내용 정리하기

글의 내용을 정확하게 이해하는 게 중요해. 그러니까 **중요한 내용**이나 **새롭게 알게 된 내용**에 밑줄 쫙! 그리고 문제에 나오는 보기와 글의 내용이 같으면 ○, 다르면 × 표시를 해 봐.

예시 문제 다음 글을 읽고 알게 된 내용으로 알맞은 것에 ○표 하세요.

상품의 포장지에 있는 막대 모양의 검고 흰 줄무늬 기호는 바코드입니다.
바코드의 뜻
바코드는 물건에 대한 정보를 컴퓨터에 미리 입력하여 물건을 쉽게 구분하기 위해 만든 것입니다.

바코드에는 물건의 이름, 가격, 만든 나라, 만든 회사 등의 정보가 들어 있습니다.
바코드를 통해 알 수 있는 정보 ①
다. 물건을 팔 때 계산기에 설치된 감지기에 바코드를 대면 어떤 물건이 몇 개가 팔리고 남았는지, 물건을 언제 팔았는지 등에 대해서도 한 번에 알 수 있습니다.
바코드를 통해 알 수 있는 정보 ②
바코드의 모양은 점차 다양해지고 있습니다. 요즘 우리가 많이 사용하는 QR코드도 바코드의 한 종류입니다.

▲ 바코드

▲ 바코드(QR코드)

(1) 바코드로는 물건의 가격을 알 수 없다. ( )

(2) 바코드를 사용하면 물건을 판 날짜와 판 개수를 알 수 있다. ( )

(3) 바코드에는 물건을 싸게 사는 방법에 대한 정보가 들어 있다. ( )

연습 문제 1 **다음 글의 내용으로 맞는 것에는 ○표, 틀린 것에는 ×표 하세요.**

> 인라인 스케이트를 안전하게 타려면 보호 장비를 반드시 갖추어야 해요. 무릎 보호대, 팔꿈치 보호대, 손목 보호대, 헬멧을 제대로 갖추고 타면 큰 부상을 막을 수 있어요.
>
> 넘어질 때에는 무릎이 먼저 땅에 닿고, 그다음에 팔꿈치와 손바닥이 땅에 닿도록 앞으로 넘어져야 안전해요. 넘어진 다음에는 한쪽 무릎을 세워 양손으로 무릎을 짚으면서 천천히 일어나는 게 좋아요.

(1) 인라인 스케이트는 보호 장비를 갖추고 타야 안전하다. ( )

(2) 인라인 스케이트는 양손으로 무릎을 짚고 타야 안전하다. ( )

(3) 인라인 스케이트를 타다 넘어질 때에는 뒤로 넘어져야 안전하다. ( )

연습 문제 2 **다음 글에서 설명한 내용으로 알맞지 않은 것은 무엇인가요? (　　　　)**

> 길을 걷다 돌부리에 걸려 넘어지거나 물체의 모서리에 부딪치면 몸에 푸르스름한 멍이 생겨요. 이런 멍은 왜 생길까요?
>
> 우리 몸이 딱딱한 무언가에 세게 부딪치면 피부 밑에 있는 혈관이 터지면서 피가 나요. 이때 피가 피부 밖으로 나오지 못한 채 굳으면 멍이 되는 거예요. 검붉은 색의 피가 피부의 색깔과 겹쳐서 푸르스름하게 보이지요.
>
> 멍은 시간이 지나면 다시 혈관으로 흡수되는데, 보통 2주일 정도 지나면 깨끗이 없어져요.

① 멍이 생기면 푸르스름하게 보인다.

② 멍이 없어지려면 2주일 정도가 걸린다.

③ 피가 피부 밖으로 나오지 못하고 굳으면 멍이 된다.

④ 우리 몸이 딱딱한 것에 부딪치면 멍이 생길 수 있다.

⑤ 피부 밑에서 굳은 피는 다시 혈관으로 흡수되지 못한다.

비법 짜임 >> 중요한 내용 정리하기

중요한 내용은 글쓴이가 꼭 전하려는 내용을 말해. **중요한 낱말**이나 **각 문단을 대표하는 문장**을 찾아 밑줄 쫙! **불필요한 내용은 삭제**하고 **중심이 되는 내용만 짧게 간추리**면 그게 바로 중요한 내용, 핵심이야!

참, 문단이 뭐냐고? 문장이 모여서 문단을 이루고, 문단이 모여서 글을 이루잖아!

예시 문제 ❷~❹문단의 중요한 내용을 정리하여 빈칸에 알맞은 말을 쓰세요.

문단
❶ 장승은 나무나 돌에 사람 얼굴 모습을 새겨서 만든 거예요. 옛날에는 마을 입구에 장승을 세워 두었지요.

문단
❷ 장승은 마을을 지켜 주는 역할을 했어요. 마을 사람들
대표하는 문장 ①
은 장승이 마을로 들어오는 나쁜 기운이나 병을 막아 준다고 믿었어요. 그래서 장승의 얼굴 표정을 무섭게 만들기도 했어요.

▲ 장승

문단
❸ 장승은 나그네에게 길을 알려 주는 역할을 했어요. 장승의 몸통에 현재의 위
대표하는 문장 ②
치와 이웃 마을과의 거리, 방향 등을 표시해 두어 길을 찾아갈 수 있게 했어요.

문단
❹ 장승은 마을과 마을 사이의 경계를 표시하는 역할을 했어요. '장승이 서 있는
대표하는 문장 ③
이곳부터는 다른 마을입니다.'라는 표시를 하여 마을과 마을의 경계를 명확히 해 주었어요.

장승의 역할	장승은 (1)( )을 지켜 준다.
	장승은 나그네에게 (2)( )을 알려 준다.
	장승은 마을과 마을 사이의 (3)( )를 표시한다.

연습 문제 1 다음 글의 중요한 내용을 파악하여 알맞게 정리한 것에 ○표 하세요.

> 포크는 원래 음식을 먹는 도구가 아니라 끓인 물에 익힌 고기를 꺼낼 때 사용하던 도구였어요. 사람들은 손가락이 있었기 때문에 음식을 먹을 때 포크를 사용할 필요가 없었어요.
>
> 음식을 먹을 때 포크를 사용한 것은 11*세기 이탈리아의 *상류층 사회에서 였어요. 귀족들은 금이나 은으로 만든 포크를 사용해서 음식을 먹기 시작했어요.
>
> *세기: 백 년 동안을 세는 단위.
> *상류층: 신분이나 생활 수준 따위가 높은 계층.

(1) 끓인 물에 익힌 고기를 꺼낼 때 사용하던 포크가 음식을 먹는 도구로 사용된 것은 11세기 이탈리아의 상류층 사회에서였다.   (   )

(2) 처음에 사람들은 손가락이 있어서 포크가 필요하지 않았지만, 11세기 이탈리아의 귀족들은 금이나 은으로 포크를 만들었다.   (   )

연습 문제 2 다음 글의 중요한 내용을 정리하려고 합니다. ㉠~㉤ 중에서 필요한 내용으로 알맞은 것을 두 가지 더 찾아 기호를 쓰세요.

> ㉠우리말에는 불편한 잠자리를 동물의 모양에 빗댄 것이 있습니다.
> ㉡새우처럼 등을 구부리고 자는 잠을 '새우잠'이라고 합니다. ㉢옆으로 누워서 불편하게 자는 모습이 새우와 비슷하여 붙여진 이름입니다.
> 또, ㉣깊이 잠들지 못하고 자주 깨는 잠을 '괭이잠'이라고 합니다. ㉤소리가 들릴 때마다 자주 깨는 모습이 귀가 발달해서 소리에 예민한 고양이와 비슷하여 붙여진 이름입니다.

㉠, (   )

빈칸에 알맞은 내용을 짐작할 때는 **앞뒤 내용을 살펴보면** 좋아. 빈칸의 앞에 나온 설명과 뒤에 이어지는 설명이 무슨 얘기를 하고 있는지 파악하면 빈칸에 적절한 내용을 넣을 수 있지. 문제에 보기가 있다면, 하나씩 넣어서 자연스러운 것으로 고르면 그게 정답!

예시 문제 빈칸에 들어갈 말로 알맞은 것에 ◯표 하세요.

같은 종류의 동물이지만 ░░░░░░░에 따라 생김새가 달라질 수 있습니다. 대표적인 예가 추운 북극에 사는 북극여우와 더운 사막에 사는 사막여우입니다.

북극은 하얀 눈이 많이 쌓여 있습니다. 그래서 북극여우는 여름에는 털색이 짙
<u>북극여우의 털이 겨울에 흰색으로 바뀌는 까닭</u>
은 회갈색을 띠지만, 겨울에는 흰색으로 바뀌어 눈 덮인 곳에서 적들의 눈에 잘
띄지 않습니다. 또 북극은 매우 춥기 때문에 북극여우는 몸 안의 열을 많이 빼앗
<u>북극여우의 귀가 작은 까닭</u>
기는 것을 막기 위해서 귀가 작습니다.

사막은 모래가 많습니다. 그래서 사막여우는 털색도 모래와 비슷한 황갈색으
<u>사막여우의 털이 황갈색인 까닭</u>
로 변해서 적으로부터 몸을 보호할 수 있습니다. 또 사막은 매우 덥기 때문에 사
<u>사막여우의 귀가 큰 까닭</u>
막여우는 몸 안의 열을 잘 내보내기 위해서 귀가 큽니다.

▲ 북극여우

▲ 사막여우

(1) 먹이 (　　　)　　　　　(2) 사는 곳 (　　　)　　　　　(3) 새끼를 낳는 시기 (　　　)

빈칸에 들어갈 알맞은 낱말은 무엇인가요? (   )

예방 주사는 [   ]을 이용해 병을 고치는 일이에요. 예방 주사는 병에 걸리지 않을 정도로 약하게 만든 병균을 우리 몸에 넣어 일부러 몸 안에서 퍼지게 하는 거예요. 그러면 우리 몸의 *면역 체계가 그 약한 병균을 나쁜 것으로 생각해서 물리치고, 이 병균을 기억했다가 나중에 이와 비슷한 병균이 몸속에 또 들어오면 공격해서 물리치지요. 이제 예방 주사의 원리를 잘 이해했지요?

*면역 체계: 면역 세포가 만들어지고 반응하는 체계.

① 운동   ② 음식   ③ 병균
④ 수술   ⑤ 소독

빈칸에 들어갈 말로 알맞은 것에 ○표 하세요.

옛날에는 떡국을 끓일 때 꿩고기로 국물을 우려냈습니다. 그런데 꿩은 사냥을 해서 잡아야 했기 때문에 쉽게 구할 수가 없었습니다. 그래서 꿩을 구하지 못한 집에서는 집에서 기르던 닭을 대신 잡아 국물을 우려냈습니다.
이때부터 '[   ]'이라는 말이 생겨났습니다. 적당한 사람이나 물건이 없을 때에 그만은 못하지만 그와 비슷한 것으로 대신한다는 뜻입니다.

(1) 꿩 대신 닭   (2) 꿩 먹고 알 먹기   (3) 꿩 구워 먹은 소식

(   )   (   )   (   )

우리 조상들은 푹푹 찌는 여름에도 시원한 얼음을 먹을 수 있는 *기발한 방법을 생각해 냈어요. 바로 '석빙고'에 얼음을 보관해 두는 거예요.

석빙고는 돌로 지은 얼음 창고예요. 한겨울에 꽁꽁 언 강물의 얼음을 캐서 석빙고에 넣어 두었다가 더운 여름에 꺼내 먹었다고 해요.

㉠한겨울에 석빙고에 넣어 둔 얼음이 어떻게 여름까지 녹지 않았을까요?

석빙고는 절반은 지하에, 절반은 지상에 있는 반지하 구조로 지어졌어요. 절반이 지하에 묻혀 있어 여름에도 안의 온도를 낮게 유지할 수 있었어요. 찬 공기는 아래로 내려가고 더운 공기는 위로 올라가는 성질을 이용한 거예요. 그리고 더운 공기를 밖으로 빨리 내보낼 수 있게 천장을 무덤처럼 둥그렇게 만들고 천장에 *환기구를 설치했어요. 또, 밖에서 열이 들어오는 것을 막을 수 있게 석빙고의 바깥쪽 윗부분은 진흙으로 덮고 그 위에 잔디를 심었어요.

이렇게 석빙고가 과학적으로 지어졌기 때문에 한여름까지 얼음을 보관할 수 있었던 거예요.

㉮ 하지만 아무나 석빙고의 귀한 얼음을 먹을 수 있었던 것은 아니에요. 주로 왕실에서 제사를 지낼 때 (㉡) 음식을 올리기 위해 얼음을 사용했어요. 그리고 특별한 날에 높은 관리들에게 얼음을 나눠 주었어요.

▲ 경주 석빙고

▲ 경주 석빙고 환기구

* 기발한: 놀라울 정도로 재치가 있고 뛰어난.
* 환기구: 탁한 공기를 맑은 공기로 바꾸거나 온도 조절을 하기 위하여 만든 구멍.

1

주제

이 글에 어울리는 제목을 지어 보세요.

돌로 지은 얼음 창고, [ ][ ][ ]

☆ 글에서 설명하는 대상이 무엇인지 찾아봐.

2

주제

이 글을 쓴 까닭으로 알맞은 것은 무엇인가요? (   )

① 얼음의 역할을 설명하기 위해서
② 석빙고에 대해 알려 주기 위해서
③ 돌로 짓는 창고의 종류를 설명하기 위해서
④ 석빙고의 얼음이 깨끗했다는 것을 주장하기 위해서
⑤ 사람들이 더위를 이겨 내는 방법을 소개하기 위해서

3

내용 이해

㉠에 대한 답으로 알맞은 것을 모두 고르세요. (   )

① 석빙고를 돌로 만들었기 때문에
② 석빙고의 절반이 지하에 묻혀 있었기 때문에
③ 석빙고에 꽁꽁 언 강물의 얼음을 캐서 넣어 두었기 때문에
④ 석빙고의 천장을 둥그렇게 만들고 환기구를 설치했기 때문에
⑤ 석빙고의 바깥쪽 윗부분에 진흙을 덮고 잔디를 심었기 때문에

4

추론

이 글의 내용으로 보아, ㉡에 들어갈 말로 알맞은 것에 ○표 하세요.

| 비싼 | 신선한 | 따뜻한 | 간편한 |

5 ㉮ 부분의 중요한 내용을 알맞게 정리한 친구는 누구인지 쓰세요.

짜임

> 예림: 왕실에서 제사를 지낼 때에는 신선한 음식이 필요했고, 높은 관리들은 특별한 날에 얼음을 받았다.
>
> 윤성: 석빙고의 귀한 얼음은 주로 왕실에서 제사를 지낼 때 사용했고, 특별한 날에 높은 관리들에게 나눠 주었다.

(   )

6 이 글에 나오는 다음 낱말 중, 낱말의 관계가 <u>다른</u> 하나는 무엇인가요? (   )

어휘·표현

① 안 – 밖   ② 찬 – 더운   ③ 지상 – 지하

④ 찌는 – 더운   ⑤ 내려가고 – 올라가는

☆ 뜻이 서로 반대인 낱말끼리 짝 지은 것도 있고, 뜻이 비슷한 낱말끼리 짝 지은 것도 있네!

7 다음은 석빙고처럼 우리 조상들의 지혜를 엿볼 수 있는 물건을 설명한 글입니다. 모두 무엇과 관련이 있는 물건인가요? (   )

적용·창의

> 우리 조상들은 무더운 여름철이 되면 대나무로 만든 차가운 촉감의 죽부인을 안고 잠을 잤다. 또 옷이 살갗에 닿지 않게 등등거리를 걸쳐 바람이 옷 속으로 잘 통하게 했다. 그리고 부채로 햇볕을 가리거나 부채를 흔들어서 더위를 식히기도 했다.
>
> 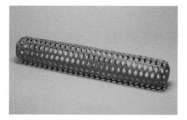   
>
> ▲ 죽부인   ▲ 등등거리

① 예절   ② 농사   ③ 날씨

④ 놀이   ⑤ 명절

☆ 우리 조상들이 무엇을 이겨 내기 위해 사용한 것인지 생각해 봐.

📝 내용 정리

⭐ 빈칸에 알맞은 말을 넣어 오늘 읽은 글의 내용을 정리해 보세요.

| 석빙고의 뜻 | — | 돌로 지은 ❶(　　　　) 창고 |

석빙고의 구조

- ❷(　　　　　　) 구조로 지어짐.
- 천장을 무덤처럼 둥그렇게 만들고 천장에 환기구를 설치함.
- 바깥쪽 윗부분을 진흙으로 덮고 그 위에 잔디를 심음.

석빙고의 이용

- 주로 왕실에서 ❸(　　　　)를 지낼 때 얼음을 사용함.
- 특별한 날에 높은 관리들에게 얼음을 나눠 줌.

🔍 어휘 정리

1 다음 문장에 알맞은 낱말을 (　　) 안에서 골라 ○표 하세요.

⑴ 기름은 물과 섞이지 않는 (성적, 성질)이 있다.

⑵ 냉동실에 넣어 둔 물이 어느새 (막혔다, 얼었다).

⑶ 찬희의 아이디어가 창의적이고 (기발해서, 평범해서) 모두가 감탄했다.

2 빈칸에 들어갈 낱말로 알맞은 것은 무엇인가요? (　　　　)

> 너는 최선을 다했기 때문에 아무도 너에게 ▨▨▨▨을 던지지 못해!

① 꽃　　　　　　② 돌　　　　　　③ 떡

④ 물　　　　　　⑤ 흙

1 다람쥐는 주로 땅속이나 돌 틈, 나무 구멍에 집을 짓고 땅 위에서 거의 모든 생활을 해요. 먹이를 찾을 때나 위험이 닥칠 때는 나무 위로 올라가기도 해요. 몸길이는 15센티미터 정도이고, 꼬리는 10센티미터 정도예요. 몸에는 다섯 줄의 무늬가 나란히 있어요.

▲ 다람쥐

2 늦가을이 되면 다람쥐는 〔 ㉠ 〕 준비로 무척 바빠져요. 겨울에는 먹이가 부족하기 때문에 움직임을 줄이고 잠을 자야 하지요. 그래서 다람쥐는 늦가을에 겨울잠을 잘 굴속에 먹이를 모아 두기 위해 바쁘게 움직여요. 도토리, 밤, 땅콩, 옥수수 같은 작은 열매나 씨앗을 뺨에 있는 뺨주머니에 넣고 굴속으로 날라요.

3 청설모는 다람쥐와 생김새가 비슷하지만 몸에 줄무늬가 없어요. 꼬리가 20센티미터 정도로 다람쥐보다 길고 ㉡몸집이 조금 더 커요. 청설모는 나무 위에 집을 짓고 나무 위에서 거의 모든 생활을 해요. 호두, 잣, 밤 같은 열매를 앞발로 따 입에 물고

▲ 청설모

나무 위로 올라가서 먹어요. 나뭇잎과 나무껍질도 먹고, 가끔 작은 새알이나 애벌레를 먹기도 해요.

4 청설모는 다람쥐와 달리 겨울잠을 자지 않아요. 겨울 동안 먹을 먹이를 늦가을에 미리 땅속이나 나뭇가지 사이에 잔뜩 쌓아 두고, 겨울에도 눈밭을 헤치고 돌아다녀요. 봄이 오면 새끼를 낳을 수 있도록 마음에 드는 짝을 찾기 위해서 겨울잠을 자지 않아요.

5 다람쥐와 청설모는 늦가을에 도토리나 잣 등의 씨앗을 열심히 숨기지만, 겨울 동안 숨겨 놓은 씨앗의 절반도 못 찾는다고 해요. ㉢다람쥐와 청설모가 찾아내지 못한 씨앗들은 싹이 트고 자라나게 되지요.

1 주제

이 글에서 가장 중심이 되는 낱말을 두 가지 찾아 ○표 하세요.

열매   다람쥐   겨울잠   청설모

2 내용 이해

다람쥐에 대한 설명으로 알맞지 <u>않은</u> 것은 무엇인가요? (   )

① 청설모보다 몸집이 작다.
② 뺨주머니로 먹이를 나른다.
③ 주로 땅 위에서 생활을 한다.
④ 몸에 다섯 줄의 무늬가 있다.
⑤ 나무껍질이나 애벌레도 먹는다.

3 추론

㉠에 들어갈 알맞은 말에 ○표 하세요.

(1) 새끼를 낳을   (2) 겨울잠을 잘   (3) 짝짓기를 할

(   )   (   )   (   )

☆ 다람쥐가 왜 먹이를 모아 두는지 살펴봐.

4 어휘·표현

㉡'몸집'과 바꾸어 쓸 수 있는 낱말은 무엇인가요? (   )

① 키   ② 모양   ③ 덩치
④ 생김새   ⑤ 덩어리

5

❹문단의 중요한 내용을 알맞게 정리한 것에 ◯표 하세요.

(1) 청설모는 봄에 새끼를 낳는다. ( )

(2) 청설모는 땅속이나 나뭇가지 사이에 먹이를 쌓아 둔다. ( )

(3) 청설모는 마음에 드는 짝을 찾기 위해서 겨울잠을 자지 않는다. ( )

6

ⓒ을 바르게 이해한 친구는 누구와 누구인지 쓰세요.

> 승기: 다람쥐와 청설모는 그동안 숲을 오염시키고 있었어.
>
> 채원: 다람쥐와 청설모 때문에 해마다 숲에서 새 생명이 자랄 수 있었어.
>
> 예솔: 다람쥐와 청설모는 자기도 모르게 씨앗을 퍼뜨리는 역할을 하고 있었어.

( )

7

다음은 겨울잠을 자는 동물에 대해 소개한 글입니다. 다람쥐와 같은 이유 때문에 겨울잠을 자는 동물을 소개한 글에 ◯표 하세요.

(1) 곰은 먹이를 먹어야 활동에 필요한 에너지를 얻고 체온을 유지할 수 있습니다. 그런데 추운 겨울에는 먹을 것을 구하기 어렵기 때문에 나무나 바위로 된 굴속에 먹이를 모아 두고 얕은 겨울잠을 잡니다. ( )

(2) 뱀은 주위 환경의 온도에 따라 체온이 변하는 동물입니다. 추운 겨울에 체온이 0도 이하로 내려가면 얼어 죽을 수도 있기 때문에 바깥보다 덜 추운 땅속이나 쓰러진 나무 밑에서 깊은 겨울잠을 잡니다. ( )

📝 내용 정리

⭐ 빈칸에 알맞은 말을 넣어 오늘 읽은 글의 내용을 정리해 보세요.

다람쥐		청설모
주로 땅 위에서 생활함.	사는 곳	주로 ❶( ) 위에서 생활함.
꼬리가 10센티미터 정도이고, 몸에 ❷( ) 줄의 무늬가 있음.	생김새	꼬리가 20센티미터 정도이고, 다람쥐보다 몸집이 큼.
도토리, 밤, 땅콩, 옥수수 등	먹이	호두, 잣, 밤, 나뭇잎, 나무껍질, 작은 새알, 애벌레 등
❸( )에 넣고 나름.	먹이를 나르는 방법	❹( )에 물고 나름.
겨울잠을 잠.	겨울잠	겨울잠을 자지 않음.

🔍 어휘 정리

1 빈칸에 알맞은 낱말을 ◯보기◯에서 찾아 쓰세요.

> ◯보기◯   틈   무늬   위험

(1) 창문 (   )으로 차가운 바람이 들어왔다.

(2) 호랑나비의 (   )를 보고 그대로 따라 그렸다.

(3) 아버지는 (   )을 무릅쓰고 물에 빠진 아이를 구하셨다.

2 다음 문장에 알맞은 낱말을 (   ) 안에서 골라 ◯표 하세요.

(1) 우리 집 개가 새끼를 (낫다가, 낳다가) 죽었다.

(2) 우리가 탄 배는 거센 물살을 (해치고, 헤치고) 앞으로 나아갔다.

친구들아, 오른쪽 그림에서 바다거북의 콧구멍에 박혀 있는 게 뭔지 아니? 놀랍게도 플라스틱 빨대야. 실제로 일어난 일이냐고? 안타깝게도 그렇단다. 사람들이 *무심코 버린 플라스틱 빨대가 바다거북을 ㉠위험에 빠뜨린 거지.

다행히도 요즘에는 전 세계적으로 플라스틱 빨대 사용을 줄이자는 운동이 벌어지고 있어. 그래서 오늘은 너희들에게 환경을 오염시키지 않는 *친환경 빨대 중에서 쌀 빨대와 옥수수 빨대를 소개하려고 해.

쌀 빨대는 우리나라에서 최초로 개발했어. 쌀로 만들어서 먹어도 안전하고 자연적으로 썩기 때문에 환경을 오염시킬 걱정이 없지. 찬물에서 4~6시간 정도는 모양을 유지할 수 있어. 너무 뜨거운 음료를 마실 때 사용하면 빨대 모양이 *변형될 수 있으니까 주의해야 해.

옥수수 빨대는 옥수수 *전분으로 만들었어. 중금속 같은 나쁜 물질이 들어 있지 않아서 먹어도 우리 몸에 (㉡) 않아. 아주 뜨거운 물에는 빨대 모양이 변형될 수 있으니까 차거나 미지근한 음료를 마실 때 사용하는 게 좋아.

쌀 빨대나 옥수수 빨대는 100~200일 정도 지나면 자연적으로 썩어. 그런데 플라스틱 빨대는 썩는 데 500년씩이나 걸린대. 그 긴 기간 동안 플라스틱을 이루는 성분들이 환경에 나쁜 영향을 주기도 하지.

앞으로 친환경 빨대는 더 많이 개발될 거야. 관심을 가져 보는 건 어때?

*무심코: 아무런 뜻이나 생각이 없이.
*친환경: 자연환경을 오염하지 않고 자연 그대로의 환경과 잘 어울리는 일.
*변형될: 모양이나 형태가 달라질.
*전분: 감자나 고구마 같은 것을 갈아서 가라앉힌 앙금을 말린 가루.

1

주제

이 글의 제목으로 가장 알맞은 것은 무엇인가요? (　　　)

① 바다거북　　　　　　　　② 환경 오염

③ 쌀과 옥수수　　　　　　　④ 친환경 빨대

⑤ 플라스틱 빨대

2

추론

글쓴이가 바다거북의 콧구멍에 플라스틱 빨대가 박혀 있는 그림을 통해 말하고 싶은 것은 무엇일지 알맞은 것의 기호를 쓰세요.

> ㉮ 플라스틱 빨대는 사용하기 편리하다.
>
> ㉯ 바다거북을 위험에 빠뜨리는 상황이 많다.
>
> ㉰ 플라스틱 빨대가 바다의 환경을 오염시키고 있다.

(　　　　　　　)

☆ 글쓴이가 친환경 빨대를 소개하는 것과 관련지어 생각해 봐.

3

어휘·표현

㉠과 뜻이 비슷한 말을 두 가지 찾아 ○표 하세요.

(1)	(2)	(3)
위태롭게 한 거지.	고통에 빠뜨린 거지.	위험에서 건진 거지.
(　　)	(　　)	(　　)

4

추론

㉡에 들어갈 말로 알맞은 것은 무엇인가요? (　　　)

① 이롭지　　　　　② 해롭지　　　　　③ 괜찮지

④ 편하지　　　　　⑤ 안전하지

5 내용 이해

이 글에서 소개한 친환경 빨대에 대한 설명으로 알맞은 것을 두 가지 고르세요.

(   )

① 썩는 데 무척 오래 걸린다.

② 플라스틱 빨대를 가리킨다.

③ 모양이 전혀 변하지 않는다.

④ 우리 몸에 나쁜 영향을 주지 않는다.

⑤ 쌀이나 옥수수 전분과 같이 환경을 오염시키지 않는 재료로 만든다.

6 짜임

이 글에서 글쓴이가 친환경 빨대에 대해 가장 알려 주고 싶어 하는 것은 무엇인가요?

(   )

① 종류가 다양하다는 것

② 새롭게 개발되고 있다는 것

③ 환경을 오염시키지 않는다는 것

④ 우리에게 친근한 재료로 만든다는 것

⑤ 모양이 변할 수 있으므로 주의해서 사용해야 한다는 것

☆ 글쓴이가 왜 친환경 빨대를 소개했는지, 무엇을 강조해서 말했는지 살펴봐.

7 적용·창의

쌀 빨대나 옥수수 빨대를 사용하기에 알맞은 것을 두 가지 찾아 ○표 하세요.

(1)

(   )

(2)

(   )

(3)

(   )

📝 내용 정리

⭐ 빈칸에 알맞은 말을 쓰거나 ○표를 하여 오늘 읽은 글의 내용을 정리해 보세요.

> 쌀로 만든 쌀 빨대와 ❶(   )으로 만든 옥수수 빨대는 환경을 오염시키지 않는 ❷(   ) 빨대이다. 우리 몸에 해롭지 않고, 자연적으로 썩기 때문에 환경을 오염시킬 걱정이 없다. 너무 ❸(차가운, 뜨거운) 음료를 마실 때 사용하면 모양이 변형되기도 한다.

🔍 어휘 정리

1 빈칸에 알맞은 낱말을 ◦보기◦에서 찾아 쓰세요.

> ◦보기◦   변형   최초   무심코

(1) 내가 (   ) 한 말에 친구가 상처를 받았다.

(2) 이태영은 우리나라 (   )의 여성 변호사이다.

(3) 바르지 못한 자세로 오래 앉아 있으면 척추가 (   )되기 쉽다.

2 다음 문장에 알맞은 낱말을 (   ) 안에서 골라 ○표 하세요.

(1) 교실에서는 싸움이 (벌려지고, 벌어지고) 있었다.

(2) 양치질을 깨끗이 하지 않으면 이가 (썩는다, 섞는다).

(3) 이 기계는 (주위, 주의) 사항을 잘 읽어 보고 사용해야 한다.

주형: 엄마, 일기를 꼭 써야 하나요?

엄마: 우리 주형이가 일기 쓰기가 힘들구나.

주형: 네. 일기 쓰기가 세상에서 제일 하기 싫고 어려운 〔　㉠　〕 같아요. 왜 일기를 써야 하는지 모르겠어요.

엄마: 일기를 쓰면 하루 동안 있었던 일을 반성하고 생각을 정리할 수 있어서 좋단다. 또 내가 느낀 감정을 일기로 솔직하게 쓰면 마음을 위로받을 수 있어서 좋아. 그리고 무엇보다 매일 내 생각을 일기로 쓰면 생각하는 힘이 길러지고 표현력도 풍부해져서 글쓰기 실력이 자연스럽게 늘게 된단다.

주형: 엄마 말씀을 들으니까 그런 것 같기도 해요. 그런데 엄마, 일기를 잘 쓰는 비법이 있나요?

엄마: 있지! 첫 번째 비법은 주위를 둘러보고 *쓸거리를 찾아보는 거란다. 내 방에 있는 물건, 내가 좋아하는 연예인, 길거리에서 본 것들 모두 일기의 글감이 될 수 있어. 일기를 내 이야기를 들어 주는 〔　㉡　〕라고 생각하고 속마음을 털어놓으면 되는 거야.

　　두 번째 비법은 다양한 형식으로 일기를 쓰는 거란다. 2~4컷 정도의 만화를 그리거나 신문 기사처럼 일기를 써도 돼. 또 동시나 편지, *마인드맵, 광고 등 떠오르는 생각을 자유롭게 표현하면 그것도 일기가 되는 거야.

주형: 와! 그렇게 하면 일기 쓰기가 지금보다는 쉬울 것 같아요.

엄마: 그럼 당연하지! 일기의 글감과 형식 모두 정해진 *틀에 ㉢맞춰 쓸 필요가 없단다. 네가 생각하거나 느낀 것을 자유롭고 솔직하게 남기면 되는 거야.

(가)

---

*쓸거리: 글로 쓸 만한 내용이 되는 재료.

*마인드맵: 마음속에 지도를 그리듯이 줄거리를 이해하며 정리하는 방법.

*틀: 일정한 격식이나 형식.

1 주제

이 글에서 가장 중요한 낱말은 무엇인지 쓰세요.

☆ 글에서 가장 많이 나오는 낱말을 찾아봐.

2 내용 이해

이 글을 읽고 알 수 있는 내용을 두 가지 고르세요. (   )

① 일기를 쓰는 과정
② 일기를 쓰면 좋은 점
③ 일기를 잘 쓰는 비법
④ 마인드맵을 그리는 방법
⑤ 글쓰기 실력이 좋아야 하는 까닭

3 추론

㉠과 ㉡에 들어갈 말을 알맞게 선으로 이으세요.

(1) ㉠ •

(2) ㉡ •

• ㉮ 친구

• ㉯ 숙제

4 짜임

㉮ 부분의 중요한 내용을 정리한 것입니다. 빈칸에 알맞은 말을 쓰세요.

• 일기를 쓰면 하루 일을 (1) ☐☐ 하고 생각을 정리할 수 있다. 또 마음을

(2) ☐☐ 받을 수 있고, (3) ☐☐☐ 실력이 늘게 된다.

5 일기를 잘 쓰는 비법으로 알맞은 것을 모두 고르세요. (   )

내용 이해

① 다양한 형식으로 쓴다.

② 정해진 틀에 맞춰 쓴다.

③ 자유롭고 솔직하게 쓴다.

④ 주위에서 글감을 찾는다.

⑤ 특별한 일이 있을 때만 쓴다.

6 ⓒ'맞춰'를 바르게 쓰지 <u>못한</u> 문장을 찾아 기호를 쓰세요.

어휘·표현

> ㉮ 시곗바늘을 5시에 <u>맞춰</u> 두었다.
>
> ㉯ 열 문제를 모두 <u>맞춰</u> 상품을 받았다.
>
> ㉰ 엄마는 수업이 끝나는 시간에 <u>맞춰</u> 나를 데리러 오셨다.

(   )

☆ '맞혀'로 고쳐 써야 하는 게 하나 있어. 잘 찾아봐!

7 다음은 엄마께서 알려 주신 일기의 형식 중에서 어떤 형식으로 쓴 것인지 쓰세요.

적용·창의

(1)
> 우리 아빠 방귀 소리는 부르릉,
> 우리 엄마 방귀 소리는 뽀오옹,
> 내 방귀 소리는 뿡뿡!
>
> 소리만 들어도
> 누군지 다 알지요.

(   )

(2)
> 감기에 걸림. — 학교에 못 감.
> 병원에 가 주사를 맞음.
> 엄마가 죽을 끓여 주심.
> 건강이 중요하다고 생각함.
> 사랑을 느낌.

(   )

📝 내용 정리

⭐ 빈칸에 알맞은 말을 쓰거나 ○표를 하여 오늘 읽은 글의 내용을 정리해 보세요.

일기를 쓰면 좋은 점	일기를 잘 쓰는 비법
• 하루 동안 있었던 일을 반성하고 생각을 정리할 수 있음. • 마음을 위로받을 수 있음. • ❶(　　　　)하는 힘이 길러지고 표현력도 풍부해져서 글쓰기 실력이 늘게 됨.	• ❷(　　　　)를 둘러보고 쓸거리를 찾아보기 • 만화, 신문 기사, 동시, 편지, 마인드맵, 광고 등 ❸(다양한, 정해진) 형식으로 쓰기

🔍 어휘 정리

1 빈칸에 알맞은 낱말을 ○보기○에서 찾아 쓰세요.

○ 보기 ○　　　　　틀　　　비법　　　감정

(1) 할머니께서 엄마에게 요리 (　　　　)을 알려 주셨다.

(2) 슬픈 (　　　　)을 숨기지 못하고 끝내 눈물을 흘렸다.

(3) (　　　　)에 갇힌 생각에서 벗어나 창의적으로 생각해 보았다.

2 다음 상황과 관련 있는 관용어를 찾아 ○표 하세요.

> 엄마: 주형아, 학교 안 가고 뭐 해?
> 주형: 어제 일기를 못 썼어요. 지금 빨리 써야 해요.

(1) 발등에 불이 떨어지다 → 일이 몹시 급하게 닥친다는 뜻.　　　　　　　(　　　)

(2) 콧등이 시큰하다 → 감격하거나 슬퍼서 눈물이 나오려고 한다는 뜻.　　　(　　　)

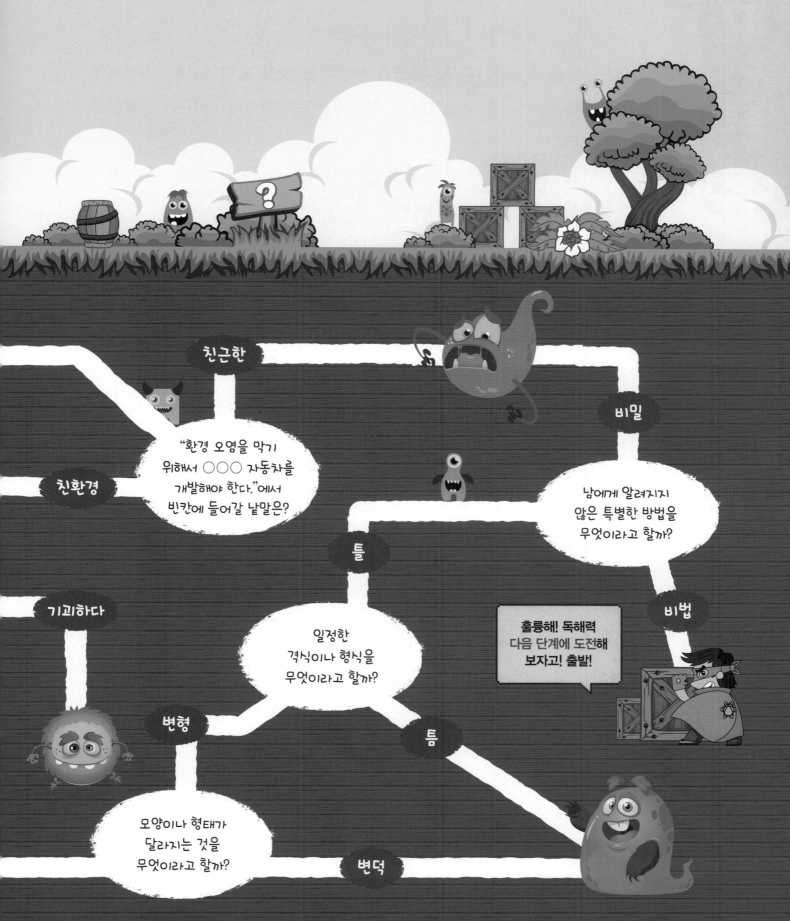

친근한

비밀

친환경

"환경 오염을 막기 위해서 ○○○ 자동차를 개발해야 한다."에서 빈칸에 들어갈 낱말은?

남에게 알려지지 않은 특별한 방법을 무엇이라고 할까?

틀

기괴하다

일정한 격식이나 형식을 무엇이라고 할까?

비법

훌륭해! 독해력 다음 단계에 도전해 보자고! 출발!

변형

틈

모양이나 형태가 달라지는 것을 무엇이라고 할까?

변덕

제인 구달은 어렸을 때부터 동물을 관찰하는 것을 좋아했어요. 가난해서 대학에 가서 공부를 할 수 없었지만 언젠가는 아프리카로 가서 *야생 동물을 연구하겠다고 다짐했어요.

스물여섯 살이 되던 해, 제인 구달은 침팬지를 연구하기 위해 아프리카에 있는 곰베 숲으로 떠났어요. 사자와 표범, 독이 있는 물뱀이 *우글거리는 곳에서 생활한다는 것은 쉬운 일이 아니었어요. 하지만 제인 구달은 *눈도 깜짝 안 했어요.

제인 구달은 매일 멀리서 침팬지를 관찰했고, 침팬지와 친해지기 위해서 늘 바나나를 가지고 다녔어요. 그렇게 일 년이 넘는 시간을 보내면서 침팬지와 가까워졌고, 마침내 놀라운 사실을 발견했어요. 침팬지가 멧돼지를 사냥해서 고기를 먹는 것을 관찰하게 된 거예요. 그때까지만 해도 대부분의 학자들은 침팬지가 *초식 동물이라고 생각했거든요. 제인 구달은 침팬지가 도구를 사용한다는 것도 밝혀냈어요. 침팬지가 흰개미를 먹기 위해 나뭇가지를 흰개미 굴속에 집어넣었다가 나뭇가지에 흰개미가 들러붙으면 꺼내서 핥아 먹는 것을 보게 된 거예요. 그리고 침팬지도 사람처럼 ⟨　ㄱ　⟩ 같은 감정을 느낀다는 사실도 알아냈어요.

제인 구달은 40년이 넘도록 숲에서 지내며 침팬지에 대해 많은 것을 연구했어요. 뿐만 아니라 야생 동물이 살아갈 수 있도록 숲을 지키려고 노력했어요. 제인 구달은 이제 할머니가 되었지만 여전히 세계 여러 나라를 돌아다니며 동물을 사랑하고 환경을 보호해야 한다는 것을 알리고 있어요.

*야생 동물: 산이나 들에서 저절로 나서 자라는 동물.
*우글거리는: 벌레나 짐승, 사람 등이 한곳에 많이 모여 자꾸 움직이는.
*눈도 깜짝 안 하다: 조금도 놀라지 않고 보통 때와 같다.
*초식 동물: 식물을 주로 먹고 사는 동물.

1

주제

이 글에 어울리는 제목을 붙여 보세요.

를 사랑한

☆ 이 글에서 가장 중심이 되는 낱말 두 개를 찾아봐.

2

내용 이해

이 글에 나와 있지 <u>않은</u> 내용은 무엇인가요? (　　　)

① 제인 구달이 어렸을 때 어땠는지

② 제인 구달이 아프리카에서 어떻게 살았는지

③ 제인 구달이 아프리카로 떠난 까닭은 무엇인지

④ 제인 구달이 침팬지를 연구하면서 알아낸 사실은 무엇인지

⑤ 제인 구달이 침팬지가 감정을 느낀다는 것을 무엇을 보고 알았는지

3

내용 이해

제인 구달이 침팬지에 대해 알게 된 사실을 모두 고르세요. (　　　)

① 침팬지는 사냥을 안 한다.

② 침팬지는 초식 동물이 아니다.

③ 침팬지는 도구를 사용할 줄 안다.

④ 침팬지는 사람과 친해질 수 없다.

⑤ 침팬지는 사람처럼 감정을 느낀다.

4

어휘·표현

㉠에 들어갈 말로 알맞은 것을 모두 찾아 ○표 하세요.

사랑	슬픔	실수	습관	질투

☆ '감정'을 나타내는 말을 찾아봐.

5 짜임

이 글의 중심 내용이 잘 나타나도록 정리한 것을 찾아 기호를 쓰세요.

> ⑦ 제인 구달은 가난하여 대학에 갈 수 없어서 아프리카로 떠났다.
> ④ 제인 구달은 수십 년 동안 아프리카에서 침팬지를 연구했고, 지금도 동물 보호에 앞장서고 있다.
> ④ 제인 구달은 아프리카에서 매일 침팬지를 관찰했고, 침팬지와 친해지려고 늘 바나나를 가지고 다녔다.

(   )

6 추론

이 글의 내용으로 보아, 제인 구달을 나타낼 수 있는 말로 알맞은 것을 모두 고르세요.

(   )

① 사업가   ② 발명가   ③ 환경 운동가
④ 동물학자   ⑤ 침팬지 연구가

7 적용·창의

이 글을 읽고 생각하거나 느낀 점을 글의 교훈에 어울리게 쓴 것을 두 가지 찾아 ○표 하세요.

(1)   제인 구달은 침팬지만 좋아해서 침팬지만 연구했다. 나도 제인 구달처럼 한 동물만 사랑해야겠다.   (   )

(2)   제인 구달은 아프리카에서의 힘든 생활을 잘 견뎌 내며 침팬지를 연구했다. 제인 구달의 도전 정신과 끈기를 본받고 싶다.   (   )

(3)   제인 구달은 야생 동물이 살아가도록 숲을 지키려고 노력했다. 나도 동물들을 위해 앞으로 환경을 보호하며 살아갈 것이다.   (   )

☆ 제인 구달에게서 배울 점을 알맞게 파악한 것을 찾아봐.

📝 내용 정리

⭐ 빈칸에 알맞은 말을 넣어 오늘 읽은 글의 내용을 정리해 보세요.

> 어렸을 때부터 동물을 관찰하는 것을 좋아했던 제인 구달은 언젠가는 ❶( ) 로 가서 야생 동물을 연구하겠다고 다짐했음.

→

> 아프리카 곰베 숲으로 간 제인 구달은 침팬지가 초식 동물이 아니고, ❷( )를 사용할 줄 알며, 사람처럼 감정을 느낀다는 사실을 알아냈음.

→

> 40년 넘게 침팬지를 연구한 제인 구달은 세계 여러 나라를 돌아다니며 동물을 사랑하고 ❸( )을 보호해야 한다는 것을 알리고 있음.

🔍 어휘 정리

1 다음 문장에 알맞은 낱말을 ( ) 안에서 골라 ○표 하세요.

⑴ 바나나 껍질에 개미 떼가 (반짝거리고, 우글거리고) 있다.

⑵ 껌이 신발 바닥에 (가라앉아서, 들러붙어서) 안 떨어진다.

⑶ 책장을 정리하다 만 원짜리 지폐 한 장을 (발견했다, 발명했다).

2 밑줄 친 관용어의 뜻으로 알맞은 것에 ○표 하세요.

> 내 동생은 큰 주삿바늘을 보고 <u>눈도 깜짝 안 했어요</u>.

⑴ 몹시 두려워했어요. ( )

⑵ 조금도 놀라지 않았어요. ( )

⑶ 눈을 어디에 두어야 할지 몰랐어요. ( )

오늘날 우리가 쓰는 돈은 어떤 과정을 거쳐 만들어졌는지 궁금하지 않나요? 한번 알아볼까요?

옛날 사람들은 필요한 옷이나 도구 등을 스스로 만들어 사용했어요. 식량도 모두 스스로 구했고요. 그런데 어떤 것은 충분히 쓰거나 먹었는데도 남고, 또 어떤 것은 만들거나 구하기 어려워서 부족하기도 했어요. 그래서 사람들은 자기가 많이 가지고 있는 물건을 다른 사람과 바꾸기 시작했어요. 물물 교환을 하게 된 거예요.

하지만 물물 교환을 시작하면서 ㉠문제가 생겼어요. 예를 들어, 조개를 가진 사람이 물고기가 필요해서 조개와 물고기를 바꾸고 싶다고 해도 물고기를 가진 사람이 조개를 원하지 않으면 바꿀 수가 없었어요. 운 좋게 두 사람이 서로 원하는 물건이 맞아도 조개와 물고기의 *값어치가 달라서 물물 교환이 쉽지 않았어요.

사람들은 물물 교환의 문제점을 해결하기 위해 물품 *화폐를 사용하기 시작했어요. 사람들이 공통으로 사용하는 *기준 물품이 있으면 편리할 것 같았거든요. 사람들은 동물, 소금, 쌀, 보석, 옷감 등을 돈으로 사용해서 필요한 물건과 바꾸었어요. 그러나 물품 화폐도 들고 다니기 무겁고 보관하기 어려워서 불편한 점이 많았어요. 그래서 점차 금, 은, 동 같은 금속으로 화폐를 만들어 쓰기 시작했어요. 오늘날에는 동전이나 지폐와 함께 신용 카드 같은 전자 화폐도 널리 쓰이고 있어요.

＊값어치: 어떤 것이 지니는, 인정할 만한 가치.
＊화폐: 동전, 지폐 등과 같이 물건을 사거나 팔 때 쓰는 것.
＊기준: 구별하거나 정도를 판단하기 위하여 그것과 비교하도록 정한 대상이나 잣대.

1

주제

이 글에 어울리는 제목을 붙이려고 합니다. 빈칸에 알맞은 말을 찾아 ○표 하세요.

돈의 　　　　　　　　　　　(역사, 역할, 값어치)

2

내용 이해

이 글을 읽고 알게 된 내용을 바르게 정리한 것은 무엇인가요? (　　　　)

① 옛날에는 조개와 물고기의 값어치가 똑같았다.

② 옛날에는 소금이나 쌀을 돈으로 사용하기도 했다.

③ 옛날에는 금속 화폐를 직접 집에서 만들어 사용했다.

④ 금속으로 화폐를 만들어 쓰기 전까지 신용 카드를 썼다.

⑤ 사람들은 돈을 사용해서 필요한 물건을 사는 것을 귀찮아했다.

3

어휘·표현

다음에서 설명하는 말을 글에서 찾아 쓰세요.

돈을 사용하지 않고 직접 물건과 물건을 바꾸는 일.

☆ 물건과 물건을 바꾸는 것에 대해 설명한 부분에서 찾아봐.

4

내용 이해

㉠'문제'에 해당하는 것을 두 가지 고르세요. (　　　　　)

① 물건이 너무 부족했다.

② 물건을 바꿀 장소가 없었다.

③ 사람들이 물물 교환을 원하지 않았다.

④ 사람마다 원하는 물건이 서로 달랐다.

⑤ 사람들이 바꾸려는 물건의 값어치가 서로 달랐다.

5 추론

물품 화폐 대신 금속 화폐를 만들어 사용했을 때 어떤 점이 좋았을지 알맞은 것을 두 가지 고르세요. (   )

① 가볍다.
② 예쁘다.
③ 흔하다.
④ 만들기 쉽다.
⑤ 보관하기 쉽다.

6 짜임

㉮ 부분의 중요한 내용을 정리할 때 필요한 내용이 <u>아닌</u> 것의 기호를 쓰세요.

㉮ 옛날 사람들은 신용 카드 같은 전자 화폐를 사용하지 않았다.
㉯ 오늘날에는 동전, 지폐, 신용 카드 등 다양한 화폐가 널리 쓰인다.
㉰ 그러나 물품 화폐도 사용하기에 불편하자 금속 화폐를 만들어 썼다.
㉱ 사람들은 물물 교환의 문제점을 해결하기 위해 물품 화폐를 사용했다.

(   )

☆ 필요한 내용을 순서대로 찾아 연결하면 중요한 내용이 돼.

7 비판

이 글을 읽고 자신의 생각을 알맞게 말하지 <u>못한</u> 친구는 누구인지 쓰세요.

주희: 금, 은, 동 같은 금속으로 화폐를 어떻게 만드는지 궁금해.
수찬: 신용 카드 말고 다른 전자 화폐에는 어떤 것이 더 있는지 궁금해.
강우: 옛날 사람들이 돈으로 사용한 물건을 예를 들어 설명해 주면 좋을 것 같아.

(   )

☆ 글에서 설명하는 내용을 제대로 파악하지 못한 친구를 찾아봐.

📖 내용 정리

⭐ 빈칸에 알맞은 말을 넣어 오늘 읽은 글의 내용을 정리해 보세요.

옛날 사람들은 필요한 물건이나 식량을 ❶(　　　　　　　)을 통해 구했음. →	물물 교환의 문제점을 해결하기 위해 동물, 소금, 쌀, 보석, 옷감과 같은 ❷(　　　　　　　)를 사용함. →
물품 화폐의 불편함을 해결하기 위해 ❸(　　　　　　　)를 만들어 사용함. →	오늘날에는 동전, 지폐와 함께 신용 카드 같은 ❹(　　　　　　)도 널리 쓰임.

📖 어휘 정리

1 밑줄 친 낱말과 바꾸어 쓸 수 있는 낱말을 ○보기○에서 찾아 쓰세요.

> ○ 보기 ○　　　　　　식량　　　화폐　　　값어치

(1) 우리나라의 <u>돈</u> 단위는 '원'이고, 미국은 '달러'이다.　　　(　　　　)

(2) 이 물건은 돈으로 매길 수 없을 만큼 <u>가치</u>가 있다.　　　(　　　　)

(3) 아프리카 어린이들은 먹을 <u>양식</u>이 없어서 고통받고 있다.　　　(　　　　)

2 다음 문장에 알맞은 낱말을 (　　) 안에서 골라 ○표 하세요.

(1) 시간이 (부족, 풍족)해서 시험 문제를 다 풀지 못했다.

(2) 집에서 지하철 역이 가까우니까 다니기가 (불편, 편리)하다.

비법 훈련

무덥고 *습한 여름철에 상하거나 독이 든 음식을 먹으면 식중독에 걸릴 위험이 높습니다. 오늘 이 시간에는 식중독을 예방하기 위해 지켜야 할 *수칙을 몇 가지 안내하겠습니다. 선생님 말을 잘 듣고 꼭 실천하기를 바랍니다.

먼저 밖에 나갔다 돌아온 후, 화장실에 다녀온 후, 음식을 먹기 전에는 (㉠) 손을 씻습니다. ㉡비누를 이용하여 흐르는 물에 손을 30초 이상 깨끗이 씻어야 합니다. 더러운 손으로 음식을 먹으면 식중독에 걸릴 수 있기 때문입니다.

다음으로 음식은 충분히 익혀 먹고 물은 끓여 먹습니다. 익히지 않은 고기나 생선에는 식중독을 일으킬 수 있는 균이 많이 살고 있습니다. 이런 균은 열을 가하면 쉽게 죽기 때문에 음식을 잘 익혀 먹도록 합니다. 또 물도 오염될 수 있으므로 끓여 마시는 것이 안전합니다. ㉢목이 마를 때 음료수보다 물을 마셔야 건강에 좋습니다.

마지막으로 음식의 보관 상태를 확인하고 먹습니다. 날씨가 습하고 더우면 세균이 빠르게 퍼지기 때문에 음식이 쉽게 상할 수 있습니다. 따라서 만든 지 오래된 음식은 먹지 않도록 합니다. 그리고 음식물은 밖에 오래 두지 않고 반드시 냉장고에 보관하도록 합니다.

지금까지 안내해 준 것들을 잘 실천해서 식중독에 걸리지 않도록 합시다.

＊습한: 메마르지 않고 물기가 많아 축축한.
＊식중독: 상한 음식이나 독성이 있는 음식을 먹어서 걸리는 병.
＊수칙: 지키기로 정한 규칙.

1 주제

이 글은 무엇에 대하여 안내하는 글인가요? (   )

① 식사 예절

② 식중독 예방 수칙

③ 급식 시간에 지킬 일

④ 올바른 손 씻기 방법

⑤ 식중독에 걸렸을 때 응급 처치 요령

2 내용 이해

이 글을 읽고 식중독에 대해 알게 된 내용으로 알맞은 것에 모두 ○표 하세요.

(1) 익힌 음식을 먹었을 때 잘 걸린다.   (   )

(2) 날씨가 무더울 때 걸릴 위험이 높다.   (   )

(3) 만든 지 오래된 음식을 먹으면 걸릴 수 있다.   (   )

(4) 상하거나 독이 든 음식을 먹으면 걸릴 수 있다.   (   )

3 추론

㉠에 들어갈 말로 알맞은 것은 무엇인가요? (   )

① 가끔   ② 이따가   ③ 우연히

④ 반드시   ⑤ 어쩌다가

4 어휘·표현

㉡에서 맞춤법이 틀린 말을 찾아 바르게 고쳐 쓰세요.

			→			

5 비판

ⓒ에 대해 알맞게 말한 친구는 누구인지 쓰세요.

> 태성: 다양한 정보를 알려 줘서 좋아.
>
> 아름: 실제로 경험한 일이라서 믿을 만해.
>
> 채아: 글의 내용에 어울리지 않으니까 빼야 해.

(   )

☆ 글의 흐름이 자연스러운지 생각해 봐.

6 짜임

선생님께서 안내해 주신 내용 중에서 중요한 것을 정리할 때 필요한 내용이 <u>아닌</u> 것은 무엇인가요? (   )

① 물을 끓여 먹는다.

② 손을 깨끗이 씻는다.

③ 여름철은 무덥고 습하다.

④ 음식을 충분히 익혀 먹는다.

⑤ 음식의 보관 상태를 확인한다.

☆ 식중독 예방 수칙에 해당하지 않는 것을 찾아봐.

7 적용·창의

선생님께서 안내해 주신 대로 생활 속에서 올바르게 실천한 친구를 찾아 ○표 하세요.

(1) 우유를 컵에 따라 마시고 남은 우유를 다시 냉장고에 넣었어.

(   )

(2) 운동장에서 축구를 한 뒤 수돗가로 달려가 물을 벌컥벌컥 마셨어.

(   )

(3) 집에 와서 물로만 손을 씻고 샌드위치를 먹었어.

(   )

내용 정리

★ 빈칸에 알맞은 말을 쓰거나 ○표를 하여 오늘 읽은 글의 내용을 정리해 보세요.

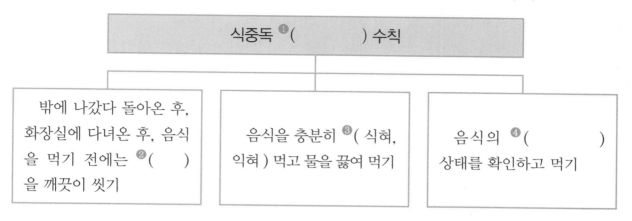

식중독 ❶(   ) 수칙

밖에 나갔다 돌아온 후, 화장실에 다녀온 후, 음식을 먹기 전에는 ❷(   )을 깨끗이 씻기

음식을 충분히 ❸(식혀, 익혀) 먹고 물을 끓여 먹기

음식의 ❹(   ) 상태를 확인하고 먹기

어휘 정리

1 다음 문장에 알맞은 낱말을 (   ) 안에서 골라 ○표 하세요.

(1) 며칠 동안 비가 계속 와서 방 안이 (습하다, 건조하다).

(2) 대기 (안전, 오염)을 줄이기 위해 대중교통을 이용해야 한다.

(3) 머리를 말릴 때 너무 뜨거운 열을 (가하면, 가려내면) 머리카락이 상한다.

2 밑줄 친 말이 ⊙보기⊙와 같은 뜻으로 쓰인 것을 두 가지 찾아 ○표 하세요.

> ⊙보기⊙   상한 음식을 먹고 식중독에 걸려서 배가 아팠다.

(1) 동생이 갑자기 배가 아프다며 데굴데굴 굴렀다.   (   )

(2) 짝꿍만 상을 타고 나는 상을 타지 못해서 배가 아팠다.   (   )

(3) 찬 음식을 너무 많이 먹으면 배가 아플 수 있으므로 조심해야 한다.   (   )

검사, 변호사, 판사는 어떤 일을 할까?

검사, 변호사, 판사가 법정에서 재판을 하는 장면을 본 적이 있을 거예요. 검사, 변호사, 판사는 모두 법을 다루는 일을 하지만 맡은 역할은 서로 달라요.

㉠아기 엄마가 돈이 없어서 갓난아기에게 먹일 우유를 훔친 사건을 예로 들어 검사, 변호사, 판사가 하는 일을 알아볼까요?

검사는 아기 엄마가 저지른 범죄 사건을 경찰과 함께 수사하고 법원에 재판을 해 달라고 요구하는 사람이에요. 검사의 역할은 법정에서 아기 엄마가 잘못했다는 증거를 제시하며 적절한 처벌을 요구하는 일이에요.

법정에서 아기 엄마를 도와주는 사람이 있어요. 바로 변호사예요. 변호사는 법정에서 검사의 반대편에 서서 [*]피고인이 죄가 없거나 적다는 것을 증명하는 자료를 제시하며 피고인을 [*]변호하는 일에 [*]발 벗고 나서요. 변호사의 역할은 아기 엄마가 최대한 가벼운 벌을 받을 수 있게 판사를 설득하는 일이에요.

판사는 법정에서 검사와 변호사의 의견을 듣고 ⎛ ㉡ ⎞을 따져 판결을 내리는 사람이에요. 판사의 판결에 따라 피고인에 대한 벌이 결정되지요.

증거가 충분하니까 피고인의 죄가 밝혀지겠지.

검사

지금부터 판결을 내리겠습니다.

피고인이 벌을 최대한 적게 받아야 할 텐데……

변호사

[*]법정: 법원이 사람들 사이에 일어난 다툼을 절차에 따라 조사하고 처리하여 재판하는 곳.
[*]피고인: 범죄를 저질렀다는 의심을 받고 재판을 받는 사람.
[*]변호하는: 남의 이익을 위하여 변명하고 감싸서 도와주는.
[*]발 벗고 나서다: 어떤 일에 적극적으로 나서다.

1

주제

이 글에서 중요한 낱말을 세 가지 찾아 ○표 하세요.

벌   판사   검사   피고인   변호사

2

주제

글쓴이가 이 글을 쓴 까닭은 무엇일까요? (   )

① 법원이 하는 일을 설명하기 위해서

② 죄를 짓지 말자고 주장하기 위해서

③ 검사, 변호사, 판사의 역할을 알려 주기 위해서

④ 검사, 변호사, 판사가 되는 과정을 소개하기 위해서

⑤ 가난한 사람도 재판을 받을 수 있다는 것을 알리기 위해서

3

내용 이해

검사, 변호사, 판사의 공통점은 무엇인지 글에서 찾아 쓰세요.

　　　　을 다루는 일을 한다.

4

어휘·표현

㉠과 같은 사건에서 '피고인'에 해당하는 사람은 누구인가요? (   )

① 판사　　　　　　② 검사　　　　　　③ 변호사

④ 갓난아기　　　　⑤ 아기 엄마

☆ '피고인'은 재판을 받는 사람이야.

5 추론

이 글의 내용으로 보아, ㉡에 들어갈 말로 알맞은 것은 무엇인가요? (　　　)

① 옳고 그름
② 법정 분위기
③ 피고인의 직업
④ 재판에 걸린 시간
⑤ 검사와 변호사의 능력

☆ 판사가 판결을 내릴 때 무엇을 잘 따져야 할지 생각해 봐.

6 내용 이해

이 글의 내용으로 맞는 것에는 ○표, 틀린 것에는 ×표 하세요.

(1) 검사는 피고인에 대한 벌을 결정하는 일을 한다. 　　　(　　　)
(2) 변호사는 피고인의 반대편에 서서 판사를 설득한다. 　　　(　　　)
(3) 검사, 변호사, 판사가 재판에서 맡은 일은 서로 다르다. 　　　(　　　)
(4) 검사는 피고인이 잘못했다는 증거를 법정에서 제시한다. 　　　(　　　)

7 적용·창의

다음은 『플랜더스의 개』에서 일어난 사건입니다. 사건과 관련하여 사람들이 한 말을 읽고, 변호사는 누구일지 ○표 하세요.

> 아로아의 아버지 코제트는 아로아가 가난한 네로와 친하게 지내는 것이 못마땅했다. 그러던 어느 날, 아로아네 방앗간에 불이 났는데, 코제트는 네로에게 누명을 씌웠다.

(1) 화재 사건에 대해 경찰과 함께 수사하고 재판을 요청해야겠어.
　　　(　　　)

(2) 네로의 누명을 벗겨 줄 증거 자료를 찾아야겠어.
　　　(　　　)

(3) 네로가 진짜 범인인지 잘 판단해서 판결을 내려야겠어.
　　　(　　　)

📝 내용 정리

⭐ 빈칸에 알맞은 말을 쓰거나 ○표를 하여 오늘 읽은 글의 내용을 정리해 보세요.

검사, 변호사, 판사의 ❶(   )

검사	변호사	판사
• 범죄 사건을 수사하고 법원에 ❷( )을 요구함. • 증거를 제시하며 피고인의 처벌을 요구함.	피고인이 죄가 없거나 ❸(적다, 많다)는 것을 증명하는 자료를 제시하며 변호함.	검사와 변호사의 의견을 듣고 옳고 그름을 따져 ❹( )을 내림.

🔍 어휘 정리

1 다음 문장에 알맞은 낱말을 (   ) 안에서 골라 ○표 하세요.

(1) 아버지를 (설득해서, 변호해서) 주말에 게임을 할 수 있게 되었다.

(2) 바다사자가 울릉도에 살았던 사실이 과학적으로 (증명, 판결)되었다.

2 빈칸에 들어갈 관용어로 알맞은 것에 ○표 하세요.

내 짝 주영이는 학급 일이라면 자기 일처럼   .

(1) 골탕 먹인다

(   )

(2) 시치미를 뗀다

(   )

(3) 발 벗고 나선다

(   )

지난주 토요일에 엄마 아빠와 함께 경기도 안산에 있는 유리섬 박물관에 다녀왔다. 유리섬 박물관은 유리로 만든 예술 작품을 감상할 수 있고, 유리 공예*를 체험해 볼 수 있는 곳이다.

유리섬 박물관에 도착해서 가장 먼저 들른 곳은 유리 작품으로 꾸며진 '테마 전시장'이었다. 눈앞에 펼쳐진 바닷속 풍경이 모두 유리로 만들어졌다는 것이 도저히 믿어지지 않았다. 특히 동화 『어린 왕자』속 장면을 유리 작품으로 꾸며 놓은 것은 정말 멋있었다.

테마 전시장을 나와 우리 가족이 찾아간 곳은 '유리 공예 시연장*'이었다. 이곳에서는 유리 공예 작가 선생님들이 1200도의 뜨거운 가마에서 달궈진* 유리로 작품을 만드는 것을 생생하게 볼 수 있었다. 유리 작품을 만드는 과정은 마술 쇼처럼 신기했다.

마지막으로 '유리 공예 체험장'을 들렀다. 유리 공예 체험은 총 여섯 개로 나누어져 있었다. 방금 전 유리 공예 시연장에서 본 장면을 그대로 체험해 보고 싶어서 '블로잉 체험'을 신청하고 내 순서가 오기를 목이 빠지게* 기다렸다. 블로잉 체험은 블로우파이프(Blowpipe)를 이용하여 1200도의 뜨거운 유리를 입으로 불어 컵이나 꽃병 등을 만드는 체험이다. 유리 공예 작가 선생님과 함께한 20분 정도 의 신나는 체험이 ㉠눈 깜짝할 사이에 지나 갔다.

▲ 블로잉 체험

유리섬 박물관에 와서 유리가 예술품이 되는 과정을 눈으로 보고 (㉡) 할 수 있어서 뜻깊었다. 다음에 다시 와서 다른 체험도 꼭 해 보고 싶다.

---

*공예: 일상생활에 필요한 물건을 실용적이면서 아름답게 만드는 일.
*시연장: 특정한 사람들에게 시험삼아 먼저 보여 주기 위해 일정한 시설을 갖추어 놓은 곳.
*달궈진: 쇠나 돌 등의 타지 않는 물체를 불에 대어 뜨겁게 한.
*목이 빠지게 기다리다: 몹시 애타게 기다리다.

1 주제

이 글에서 가장 중심이 되는 말은 무엇인가요? (   )

① 테마 전시장   ② 유리섬 박물관

③ 유리 공예 작가   ④ 유리 공예 체험장

⑤ 유리 공예 시연장

2 짜임

글쓴이가 유리섬 박물관 안에서 어떻게 이동했는지 차례대로 기호를 쓰세요.

> ㉮ 테마 전시장   ㉯ 유리 공예 체험장   ㉰ 유리 공예 시연장

(   ) → (   ) → (   )

3 내용 이해

글쓴이가 유리 공예 시연장에서 겪은 일로 알맞은 것에 ○표 하세요.

(1) 바닷속 풍경을 유리로 만들어 놓은 것을 보았다.   (   )

(2) 유리 공예 작가 선생님의 도움을 받아 블로잉 체험을 했다.   (   )

(3) 유리 공예 작가 선생님들이 유리 작품을 만드는 것을 보았다.   (   )

4 어휘·표현

㉠과 바꾸어 쓸 수 있는 말을 두 가지 찾아 ○표 하세요.

> 후딱   가끔   쏜살같이

☆ '눈 깜짝할 사이'는 '매우 짧은 순간.'을 말해.

5 추론

ⓒ에 들어갈 낱말로 가장 알맞은 것은 무엇인가요? (   )

① 상상　　　　　② 연구　　　　　③ 확인
④ 체험　　　　　⑤ 실험

6 내용 이해

다음 내용을 '사실'을 쓴 것과 '생각이나 느낌'을 쓴 것으로 나누어 기호를 쓰세요.

> ㉮ 다음에 다시 와서 다른 체험도 꼭 해 보고 싶다.
>
> ㉯ 유리 공예 체험은 총 여섯 개로 나누어져 있었다.
>
> ㉰ 유리 작품을 만드는 과정은 마술 쇼처럼 신기했다.
>
> ㉱ 테마 전시장을 나와 우리 가족이 찾아간 곳은 '유리 공예 시연장'이었다.

(1) 사실: (　　　　　　　　)　　　　(2) 생각이나 느낌: (　　　　　　　　　　)

7 비판

이 글을 읽고 자신의 생각을 알맞게 이야기한 친구는 누구인가요? (   )

① 민희: 유리 공예 체험은 혼자 하기 위험할 수 있겠구나.
② 현우: 체험할 수 있는 종류가 한 가지밖에 없어서 아쉬워.
③ 은수: 마술사가 유리 공예 시연을 하니까 훨씬 실감 나는 것 같아.
④ 채원: 유리 공예 체험을 하려면 여섯 가지를 다 신청해야만 할 수 있군.
⑤ 주원: 가마에서 달군 유리를 식힌 다음 입으로 불어야 컵이 만들어지나 봐.

☆ 글에서 새롭게 알게 된 내용을 바탕으로 자신의 생각을 알맞게 말한 친구를 찾아봐.

📝 내용 정리

⭐ 빈칸에 알맞은 말을 쓰거나 ○표를 하여 오늘 읽은 글의 내용을 정리해 보세요.

> 지난주 토요일에 경기도 안산에 있는 ❶(   )을 다녀옴.

테마 전시장에서 바닷속 풍경과 동화『어린 왕자』속 장면을 모두 ❷( ) 작품으로 꾸며 놓은 것을 감상함.	→ 유리 공예 ❸(시연장, 전시장)에서 유리 공예 작가 선생님들이 유리로 작품을 만드는 과정을 봄.	→ 유리 공예 체험장에서 블로우파이프를 이용하여 컵이나 꽃병 등을 만드는 ❹( ) 체험을 함.

🔍 어휘 정리

1 다음 문장에 알맞은 낱말을 (   ) 안에서 골라 ○표 하세요.

(1) 집에 가는 길에 빵집에 (달려, 들러) 빵을 샀다.

(2) 뜨겁게 (달군, 익힌) 프라이팬 위에 고기를 올려 구워 먹었다.

(3) 냇가에서 물고기를 잡고 놀았던 기억이 (생생하다, 탱탱하다).

2 빈칸에 들어갈 관용어로 알맞은 것에 ○표 하세요.

> 엄마가 치킨을 사 오시기를   .

(1) 목이 탔다   (2) 목을 풀었다   (3) 목이 빠지게 기다렸다

(   )   (   )   (   )

1 (㉮) 세상에는 셀 수 없이 많은 물건들이 있어요. 책상, 자전거, 신발 등은 모두 물건이지요. 물건들은 각각 모양도 다르고 성질도 다르지만, 모두 물질로 이루어져 있다는 공통점이 있어요. 물질에 대해 좀 더 자세히 알아볼까요?

2 물질은 물건을 이루는 재료를 말해요.(㉯) 세상의 물질들은 크게 고체, 액체, 기체의 세 가지 모습을 갖고 있어요. 철이나 플라스틱처럼 일정한 부피와 모양을 가진 것은 '고체'라고 해요. 물이나 우유처럼 일정한 모양이 없어서 ㉠담는 그릇에 따라 모양이 달라지는 것은 '액체'라고 해요. 공기처럼 손에 잡히지 않고 공중에 떠다니는 것은 '기체'라고 해요.

3 물질을 더 작게 계속 나누면 분자라는 아주 작은 알갱이가 나와요.(㉰) 고체, 액체, 기체는 모두 분자로 이루어져 있는데, 이 분자들이 어떻게 모여 있는지에 따라 물질의 모습이 달라져요.

4 [㉡] 같은 고체의 분자들은 서로 단단하게 이어져 있어서 모양이 일정해요. 물, 식용유, 석유 같은 액체의 분자들은 고체보다는 서로 약하게 이어져 있어서 모양이 일정하지 않아요. 기체의 분자들은 고체나 액체처럼 서로 이어져 있지 않아서 모양과 부피가 일정하지 않아요.

5 물질의 모습은 온도에 따라 변하기도 해요.(㉱) 온도가 높아지면 고체에서 액체로, 액체에서 기체로 바뀌어요. 액체인 물이 온도가 낮아지면 고체인 얼음이 되고, 온도가 높아지면 기체인 수증기가 되는 것을 보면 알 수 있지요.

6 앞으로 우리 주위에서 물질의 모습이 어떻게 변하는지 잘 살펴보세요. 조금씩 차이는 있지만, 다른 물질들도 고체, 액체, 기체로 모습이 바뀌는 걸 알 수 있을 거예요.(㉲)

＊일정한: 어떤 것의 양, 성질, 상태, 계획 따위가 달라지지 아니하고 한결같은.
＊부피: 물건이 공간에서 차지하는 크기.

1

주제

이 글의 제목으로 알맞은 것은 무엇인가요? (　　　)

① 소중한 물건　　　　　　　　② 물질의 알갱이

③ 물은 요술쟁이　　　　　　　④ 물질의 세 가지 모습

⑤ 세상에 있는 물건의 종류

2

내용 이해

이 글의 내용으로 맞는 것에는 ○표, 틀린 것에는 ×표 하세요.

(1) 물건은 모두 물질로 이루어져 있다.　　　　　　　　　　　(　　　)

(2) 물은 온도가 낮아지면 수증기가 된다.　　　　　　　　　　(　　　)

(3) 액체는 담는 그릇에 따라 모양이 변한다.　　　　　　　　　(　　　)

(4) 공기는 플라스틱보다 서로 단단하게 이어져 있다.　　　　　(　　　)

3

짜임

㉮~㉺ 중 다음 내용이 들어갈 위치로 알맞은 곳의 기호를 쓰세요.

> 이 분자는 우리 눈으로는 볼 수 없고 현미경으로만 볼 수 있어요.

(　　　　　　　　)

☆ 분자에 대해 설명하는 부분을 찾아봐.

4

어휘·표현

밑줄 친 말 중에서 ㉠에 쓰인 '담다'와 뜻이 같은 것을 두 가지 고르세요. (　　　)

① 컵에 물을 담다.

② 편지에 마음을 담다.

③ 도화지에 풍경을 담다.

④ 휴지통에 쓰레기를 담다.

⑤ 사진기에 아기의 모습을 담다.

☆ 무엇을 담는다고 했는지 구분해 봐.

5 ㉡에 들어갈 말이 <u>아닌</u> 것은 무엇인가요? (   )

① 못   ② 주스   ③ 유리컵
④ 고무공   ⑤ 나무젓가락

6 ❺문단의 중요한 내용을 정리한 것입니다. (   ) 안에서 알맞은 말을 골라 ○표 하세요.

> 물질은 온도가 (낮아지면, 일정하면, 높아지면) 고체에서 액체로, 액체에서 기체로 변한다.

7 다음 글을 읽고, 그림에서 화살표가 가리키는 '김'은 고체, 액체, 기체 중에서 무엇에 해당하는지 쓰세요.

> 주전자에 물을 끓이면 볼 수 있는 하얀 물질은 '수증기'가 아니라 '김'이에요. 주전자 밖으로 나온 수증기가 낮은 온도를 만나 김이 된 거예요. 김은 아주 작은 물방울들이 모인 것이지요.

(   )

📝 내용 정리

★ 빈칸에 알맞은 말을 쓰거나 ○표를 하여 오늘 읽은 글의 내용을 정리해 보세요.

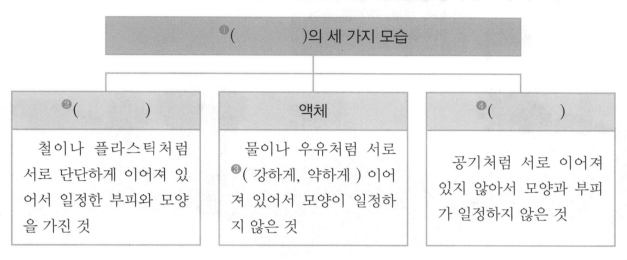

❶( )의 세 가지 모습

❷( )	액체	❹( )
철이나 플라스틱처럼 서로 단단하게 이어져 있어서 일정한 부피와 모양을 가진 것	물이나 우유처럼 서로 ❸(강하게, 약하게) 이어져 있어서 모양이 일정하지 않은 것	공기처럼 서로 이어져 있지 않아서 모양과 부피가 일정하지 않은 것

🔍 어휘 정리

1 빈칸에 알맞은 낱말을 ○보기○에서 찾아 쓰세요.

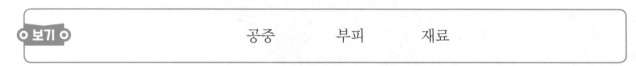

○보기○   공중   부피   재료

⑴ 두부는 된장찌개를 만들 때 필요한 ( )이다.

⑵ 헬리콥터 두 대가 ( )에서 부딪치는 사고가 있었다.

⑶ 페트병은 ( )를 줄이기 위해서 찌그러뜨려 배출한다.

2 다음 문장에 알맞은 낱말을 ( ) 안에서 골라 ○표 하세요.

⑴ 해가 뜨자 눈이 비로 (변했다, 이루어졌다).

⑵ 여러 섬들이 다리로 (알려져, 이어져) 있어서 편하게 오갈 수 있다.

⑶ 물고기를 키울 때 물의 온도를 (일정하게, 다양하게) 유지해 주어야 한다.

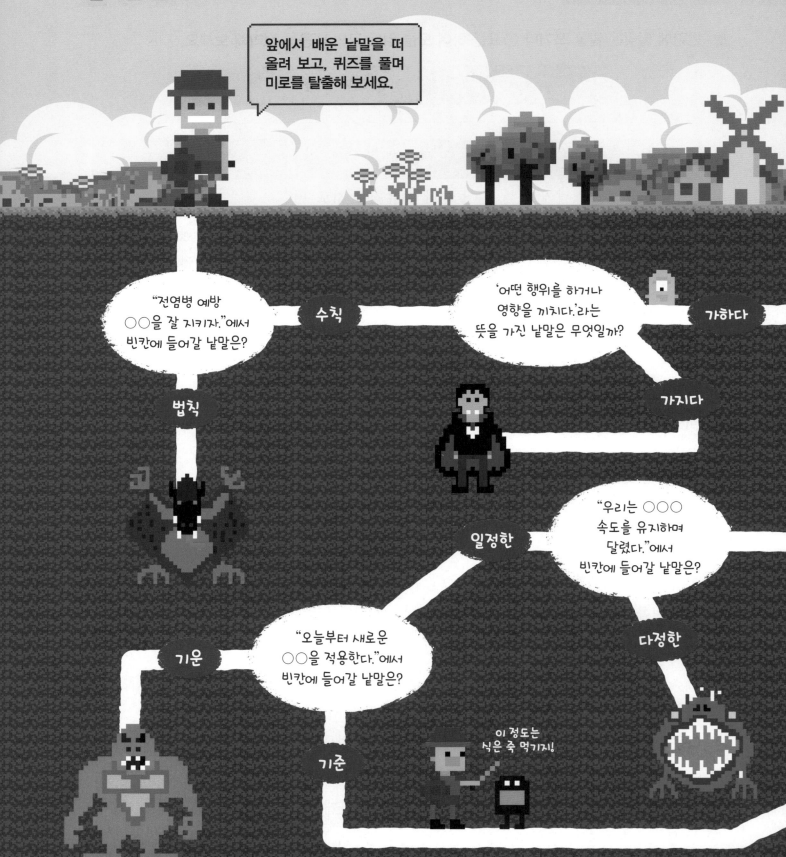

앞에서 배운 낱말을 떠올려 보고, 퀴즈를 풀며 미로를 탈출해 보세요.

"전염병 예방 ○○을 잘 지키자."에서 빈칸에 들어갈 낱말은?

'어떤 행위를 하거나 영향을 끼치다.'라는 뜻을 가진 낱말은 무엇일까?

수칙

가하다

법칙

가지다

일정한

"우리는 ○○○ 속도를 유지하며 달렸다."에서 빈칸에 들어갈 낱말은?

다정한

"오늘부터 새로운 ○○을 적용한다."에서 빈칸에 들어갈 낱말은?

기운

기준

이 정도는 식은 죽 먹기지

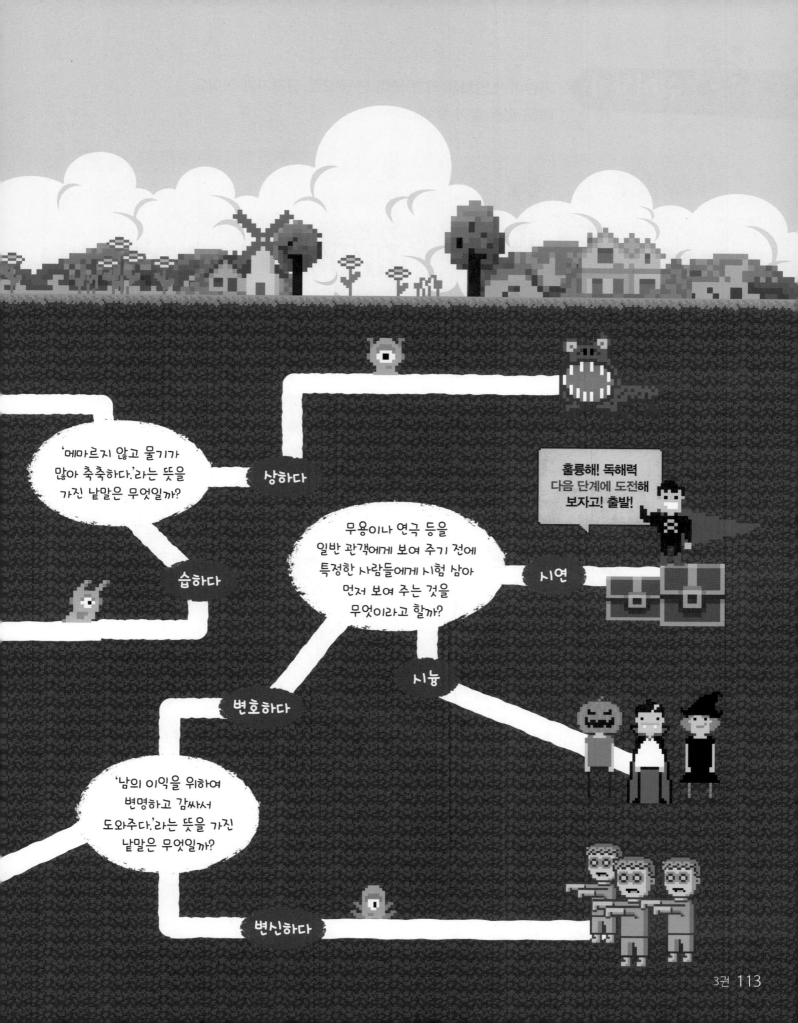

'메마르지 않고 물기가
많아 축축하다.'라는 뜻을
가진 낱말은 무엇일까?

상하다

습하다

무용이나 연극 등을
일반 관객에게 보여 주기 전에
특정한 사람들에게 시험 삼아
먼저 보여 주는 것을
무엇이라고 할까?

훌륭해! 독해력
다음 단계에 도전해
보자고! 출발!

시연

시늉

변호하다

'남의 이익을 위하여
변명하고 감싸서
도와주다.'라는 뜻을 가진
낱말은 무엇일까?

변신하다

기린이 소방차를 타고 불이 난 곳으로 달려가고 있어요.
빠른 길을 찾아 주세요!

정답 및 해설 16쪽에서 확인하세요.

의견이 담긴 글

의견이 담긴 글에는 주장하는 글, 제안하는 글, 부탁하는 글, 광고 등이 있어요. 읽는 이에게 의견을 전하기 위해 쓴 글이지요. 의견이 담긴 글은 글쓴이의 의견과 그 까닭을 파악하며 읽어야 해요. 그리고 글쓴이의 의견과 자신의 의견을 비교해 보면 더 좋아요.

비법 주제 >> 글을 쓴 까닭 파악하기

자신의 생각이나 의견이 담긴 글에는 그 글을 왜 썼는지 의도나 목적이 분명하게 드러나지. 왜 글을 썼겠어? 자신의 생각이나 의견을 내세우기 위해서겠지? 그러니까 **글쓴이가 내세우고 있는 생각, 즉 주장**을 잘 찾아봐.

예시 문제 다음 글의 글쓴이가 글을 쓴 까닭은 무엇인가요? (   )

영화관에 가면 다른 사람에게 피해를 주는 행동을 하는 사람들을 볼 수 있어요. 영화관에서 지켜야 할 예절에 대해 알아볼까요?

첫째, 영화가 시작되기 전에 휴대 전화를 무음으로 바꾸거나 전원을 꺼 주세요. 영화를 보는 중간에 전화가 걸려 오면 주위 사람들에게 피해를 줄 수 있거든요. 둘째, 앞 의자를 발로 차지 마세요. 셋째, 영화를 보면서 옆 사람과 소곤대거나 "쩝쩝" 소리를 내며 음식을 먹지 마세요. 시끄러운 소리 때문에 사람들이 영화에 집중할 수가 없으니까요. 넷째, 영화를 보는 중간에 화장실에 자주 오가는 행동을 하지 마세요.

즐겁게 영화를 보러 온 사람들에게 피해를 주지 않도록 우리 모두 예절을 잘 지키는 사람이 됩시다.

글쓴이의 주장(글을 쓴 까닭이 드러난 부분)

① 영화를 자주 보자고 말하려고
② 영화관에서 예절을 지키자고 말하려고
③ 식사 시간에 예절을 지키자고 말하려고
④ 휴대 전화 사용 시간을 줄이자고 말하려고
⑤ 공중화장실을 깨끗이 사용하자고 말하려고

연습 문제 1   다음 글의 글쓴이가 글을 쓴 목적으로 알맞은 것에 ○표 하세요.

> 어린이 여러분! 자전거 안전사고가 매년 늘어나고 있습니다. 자전거 안전사고를 예방하려면 보호 장비를 반드시 착용해야 합니다. 머리에 헬멧을 쓰고, 무릎과 팔꿈치에는 보호대를 하고, 장갑을 끼는 것이 안전합니다.
>
> 자전거를 탈 때 헬멧을 착용하지 않으면 사고가 났을 때 머리에 큰 부상을 입을 수 있습니다. 또 무릎 보호대와 팔꿈치 보호대, 장갑을 착용하지 않으면 사고가 났을 때 뼈가 부러지거나 큰 상처를 입을 위험이 있습니다. 따라서 자전거를 탈 때 보호 장비를 꼭 착용하도록 합시다.

(1) 자전거를 안전하게 탈 수 있는 장소를 소개하는 것   (   )

(2) 자전거 보호 장비를 고를 때 주의할 점을 알려 주는 것   (   )

(3) 자전거를 탈 때 보호 장비를 꼭 착용해야 한다고 주장하는 것   (   )

연습 문제 2   다음은 어떤 생각을 내세우기 위해 쓴 글인지 알맞은 것에 ○표 하세요.

> 긴급 구조 요청을 할 때 119로 전화를 해야 한다는 것을 모르는 어린이는 아마 없을 것입니다. 그런데 소방서에 장난 전화를 걸어 거짓 신고를 하는 어린이들 때문에 소방관들이 어려움을 겪고 있습니다. 119에 거짓 신고를 하면 진짜 위급한 사람이 제시간에 도움을 받지 못하는 상황이 벌어질 수 있습니다. 소방관들의 도움을 간절히 기다리는 구조자를 생각하여 119에 거짓으로 신고를 하지 맙시다.

(1)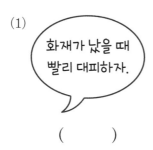
화재가 났을 때 빨리 대피하자.

(   )

(2)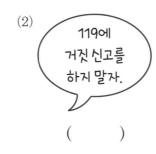
119에 거짓 신고를 하지 말자.

(   )

(3)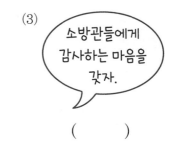
소방관들에게 감사하는 마음을 갖자.

(   )

비법

생각이나 의견을 쓴 글

생각
뒷받침 내용 ① → ← 뒷받침 내용 ②
↑
뒷받침 내용 ③

어떤 일이 잘되도록 도와주는 것을 '뒷받침하다'라고 해. 그러니까 생각을 뒷받침하는 내용은 **다른 사람이 자신의 생각을 잘 이해할 수 있도록 도와주는 까닭**을 말하지.

글쓴이가 글에서 주장하는 것, 생각하는 것이 무엇인지 파악한 다음, 그 생각을 뒷받침하는 내용을 하나하나 찾아봐.

예시 문제 글쓴이가 ㉠과 같은 생각을 뒷받침하기 위해 제시한 내용을 두 가지 고르세요. (   )

혹시 집안일은 어른이 해야 하는 일이라고 생각하나요? 집안일은 가족이 함께 해야 할 일이에요. ㉠어려서부터 집안일을 가족과 같이 하면 좋은 점이 참 많아요.
_{글쓴이의 생각}

첫째, 협동심과 배려심을 배우게 됩니다. 청소나 식사 준비 같은 집안일을 함
_{어려서부터 집안일을 가족과 같이 하면 좋은 점 ①}
께 하면서 다른 사람을 이해하는 마음이 생깁니다. 내가 하기 힘든 일은 다른 사람이 해도 마찬가지로 힘들다는 사실을 알게 됩니다. 그러면서 다른 사람을 돕는 일이 얼마나 중요한 것인지 깨닫게 됩니다.

둘째, 책임감과 성취감, 자신감이 길러집니다. 집안일을 하면서 나도 가족을
_{어려서부터 집안일을 가족과 같이 하면 좋은 점 ②}
위해 무엇인가를 해야 한다는 책임감이 생깁니다. 또 집안일을 하고 부모님께 칭찬을 받으면 나도 할 수 있다는 성취감과 자신감이 자연스럽게 생깁니다.

어린이 여러분! 간단한 집안일부터 시작해 보는 것은 어떨까요?

① 협동심과 배려심을 배우게 된다.
② 집안일은 어른이 해야 하는 일이다.
③ 책임감과 성취감, 자신감이 길러진다.
④ 집안일은 가족이 함께 해야 할 일이다.
⑤ 간단한 집안일부터 시작해 보는 것이 좋다.

㉠~㉣ 중 글쓴이가 자신의 생각에 대한 까닭으로 말한 것을 두 가지 찾아 기호를 쓰세요.

> ㉠요즘 우리 반에서는 '열나(정말)', '쩐다(뛰어나다)', '존못(못생김)'과 같은 말이 유행이다. 중학생이나 고등학생 언니 오빠들이 쓰는 거친 말을 한두 명이 사용하기 시작하니까 여러 명이 재미있다고 따라 한다. ㉡우리 반 친구들이 거친 말을 사용하지 않았으면 좋겠다. 그 까닭은 다음과 같다.
> ㉢거친 말을 사용하면 다른 사람에게 상처를 줄 수 있다. 거친 말은 욕 같아서 무슨 뜻인지 몰라도 들었을 때 기분이 나빠진다. 또 ㉣거친 말을 사용하면 아름다운 우리말이 점점 오염된다.

(   )

㉠~㉢은 무엇을 설명한 것인지 알맞은 것에 ○표 하세요.

> 우리가 전기를 많이 쓰면 쓸수록 지구는 점점 뜨거워져요. 지구 환경을 생각한다면 전기를 아껴 써야 해요. 가정에서 전기를 아껴 쓰는 방법을 알아보고 실천해 보아요.
> 첫째, ㉠사용하지 않는 가전제품은 플러그를 뽑아 놓습니다. 전원을 꺼도 플러그를 통해 약 11퍼센트의 전기가 소모됩니다.
> 둘째, ㉡냉장고 문을 자주 열지 않습니다. 냉장고 문을 한 번 열 때마다 찬 공기가 최고 30퍼센트까지 빠져 나갑니다.
> 셋째, ㉢낮은 층은 엘리베이터 대신 계단을 이용합니다. 엘리베이터를 탔을 때는 '닫힘' 버튼을 누르지 말고 기다립니다. 엘리베이터 문이 스스로 닫히게 두어야 전기가 절약됩니다.

(1) 가전제품을 오래 쓰는 방법   (   )
(2) 전기를 안전하게 이용하는 방법   (   )
(3) 가정에서 전기를 아껴 쓰는 방법   (   )

24 DAY

비법 어휘·표현 >> 표현의 의미 파악하기

'알 것도 같고 모를 것도 같고……. 정확한 뜻을 모르겠단 말이지.'

그럴 땐 **앞뒤에 어떤 내용이 나오는지** 살펴봐. 그리고 문제의 보기에 나와 있는 말 중에서 **바꾸어 쓸 수 있는 말**을 찾아봐. 그 말을 넣어서 **문장이 자연스럽게 연결되면** 그 표현의 뜻이라고 할 수 있지.

예시 문제 ㉠의 뜻으로 알맞은 것은 무엇인가요? (   )

우리 반은 한 달에 한 번씩 제비뽑기로 짝을 정한다. 이번 달은 준성이와 짝이 되었다. 그런데 준성이는 늘 표정이 굳어 있거나 화난 표정을 짓고 있다. 내가 준성이 ㉠눈치를 보며 "화났어?"라고 조심스럽게 물으면 준성이는 "화난 게 아니야."라고 퉁명스럽게 대답한다. 매일 화난 얼굴을 하고 있는 준성이를 보면 나도 모르게 짜증이 난다.

<u>기분을 살피며 물으면</u>

곰곰이 생각해 보니 내 기분이 아주 나쁠 때나 슬플 때 생글생글 잘 웃고 있는 친구를 보면 기분이 나아졌던 것 같다. 반대로 늘 찡그리고 짜증 내는 표정을 짓고 있는 친구를 보면 내 기분까지 나빠졌다.

'웃으면 복이 온다'라는 말이 있다. 웃으면 행복한 일이 끊임없이 생긴다는 뜻이다. 웃는 얼굴로 친구를 대하면 친구와 싸울 일도 없어지고 쉽게 친해질 수 있다.

① 놀리며

② 눈을 흘겨보며

③ 귀찮게 조르며

④ 손으로 눈을 가리며

⑤ 마음과 태도를 살피며

연습 문제 1 ㉠과 뜻이 같은 말은 무엇인가요? ( )

> 우주네 반에 새로 전학 온 힘찬이는 얼굴색이 친구들과 달라요. 힘찬이의 엄마는 캄보디아 사람이기 때문이에요. 몇몇 아이들은 힘찬이의 생김새를 보고 '깜장이'라고 자주 놀렸어요.
>
> 어느 날, 선생님은 힘찬이가 ㉠풀이 죽어 있는 모습을 보고 힘찬이의 상황을 알게 되셨어요. 그래서 선생님은 친구들에게 말씀하셨어요.
>
> "여러분, 지구에는 수많은 나라가 있어요. 나라마다 사람들의 얼굴색과 생김새, 언어가 달라요. 그런데 우리와 다르다고 해서 틀렸다고 할 수 있을까요? 서로 다르다는 것은 잘못된 것도 틀린 것도 아니에요. 선생님은 우리 반 친구들이 서로 다른 점을 이해하고 다 같이 사이좋게 지냈으면 좋겠어요."

① 씩씩하게   ② 기운 없이

③ 인상을 쓰고   ④ 정신을 차리고

⑤ 웃음을 되찾고

연습 문제 2 ㉠과 바꾸어 쓸 수 있는 말에 ○표 하세요.

> 이 세상에서 가장 쉬운 약속이면서 가장 힘든 약속은 무엇일까요? 그것은 바로 나 자신과의 약속이라고 합니다. "매일 운동을 열심히 하자.", "일주일에 한 권씩 꼭 책을 읽자." 등 하루에도 수없이 자신과의 약속을 합니다. 그런데 사람들은 자신과 한 약속은 ㉠대수롭지 않게 생각하여 쉽게 어깁니다. 자신과의 약속을 잘 지키는 사람이 다른 사람과의 약속도 잘 지킬 수 있다고 생각합니다.

(1) 대단하게   (2) 좋지 않게   (3) 중요하지 않게

  (   )   (   )   (   )

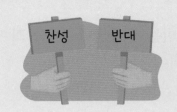

찬성 반대

글쓴이의 생각에 찬성할 수도 있고, 반대할 수도 있어. 글쓴이의 생각을 정확하게 파악한 뒤에 문제의 보기에서 **글쓴이의 생각에 왜 찬성하는지, 또는 왜 반대하는지를 논리적으로 말하고 있는지** 잘 살펴봐.

예시 문제 다음 글을 읽고 글쓴이와 같은 생각을 말한 친구는 누구인지 쓰세요.

거짓말에는 선의의 거짓말과 나쁜 거짓말이 있습니다. '선의의 거짓말'이란 착한 뜻을 갖고 한 거짓말을 말합니다. 환자와 의사를 예로 들어 선의의 거짓말에 대해 자세히 알아보겠습니다.

가끔 의사와 가족들이 환자에게 병에 대해 솔직하게 말해 주지 않을 때가 있습니다. 환자가 자신의 병이 심각하다는 것을 알게 되면 충격을 받아 상태가 나빠질 수도 있기 때문입니다. 그래서 어떤 의사와 가족들은 환자에게 치료를 잘 받으면 나을 수 있다고 용기를 북돋워 주는 선의의 거짓말을 합니다.

물론 거짓말은 좋은 것이 아닙니다. 하지만 <u>좋은 뜻을 가지고 상대방을 위하는</u> 글쓴이의 생각
<u>마음에서 하는 선의의 거짓말은 필요하다고 생각합니다.</u>

승연: 나는 결과적으로 상대방에게 도움을 주는 거짓말이라면 무조건 막을 필요는 없다고 생각해.

주원: 선의의 거짓말도 결국 거짓말이야. 나는 어떠한 경우에도 거짓말을 해서는 안 된다고 생각해.

영훈: 나는 환자가 걱정이 되더라도 환자에게 사실을 제대로 전달해서 선택할 시간을 주어야 한다고 생각해.

(   )

다음 글을 읽고 자신의 생각을 말했습니다. (   ) 안에서 알맞은 말을 골라 ○표 하세요.

> 요즘은 학교에 만화책을 가져오는 친구들이 많다. 만화책을 학교에 가져오면 어떤 문제가 생길까?
>
> 만화책은 수업에 집중하는 데 방해가 된다. 쉬는 시간과 점심시간에 만화책을 읽고 나면 수업 시간까지 머리에 남아 공부에 집중하기가 어렵다. 또 친구들하고 만화책을 같이 보다가 다툼이 일어날 수 있다. 서로 보겠다고 싸우면서 교실 분위기를 망치기도 한다.
>
> 학교는 선생님과 친구들이 모여 공부하는 곳이다. 따라서 공부에 방해가 되는 만화책은 학교에 가져오지 않아야 한다.

• 나도 글쓴이처럼 학교에 만화책을 가지고 오는 것을 (찬성, 반대)한다.

다음 글을 읽고 글쓴이의 생각을 바르게 판단하여 말한 친구는 누구인지 ○표 하세요.

> 요즘 칭찬 스티커 때문에 우리 반 분위기가 점점 나빠지고 있다. 처음에는 선생님께 칭찬 스티커를 받으려고 서로 양보도 잘하였다. 그러나 어느 날인가부터 칭찬 스티커 때문에 친구들 사이에 경쟁이 심해지기 시작했다.
>
> 어떤 아이는 "제가 더 칭찬 스티커를 받을 만한 일을 한 것 같은데요."라며 선생님께 따지기도 했다. 또 '나보다 좋은 일을 많이 한 것 같지 않은데.'라고 생각하며 친구를 의심하기도 했다.

⑴ **진아**: 글쓴이는 경쟁심을 키워 주는 칭찬 스티커는 필요하다고 했는데, 나는 친구들과의 우정이 더 중요하다고 생각해.   (   )

⑵ **동현**: 나도 글쓴이와 같은 생각이야. 서로의 마음을 힘들게 하면서까지 칭찬 스티커를 받는 것은 아무 의미가 없다고 생각해.   (   )

칭찬은 고래도 춤추게 한다죠?

칭찬을 싫어하는 사람이 있을까요? 세상에서 칭찬만큼 기분 좋은 말은 없습니다. 우리는 칭찬이 좋은 말인 것을 알면서도 쑥스럽기도 하고 *서툴러서 잘하지 못합니다. 가까운 사람들에게 칭찬을 많이 합시다. 칭찬을 하면 어떤 점이 좋을까요?

첫째, 칭찬을 하면 칭찬을 듣는 사람은 기분이 좋아집니다.

㉠

이렇게 작은 것이라도 찾아서 칭찬을 해 주면 칭찬을 들은 사람은 *천하를 얻은 듯 기뻐할 것입니다.

둘째, ㉡칭찬을 하면 칭찬을 듣는 사람은 더 잘하고 싶은 마음이 생깁니다. 칭찬은 상대에게 용기를 주는 힘을 가지고 있습니다. 칭찬 한마디에 자신의 꿈을 이루는 사람도 있고, 꿈이 없던 사람은 꿈을 갖기도 한답니다.

셋째, 칭찬을 하면 칭찬하는 사람은 마음이 넓어집니다. 우리 주변에는 친구를 칭찬하면 친구가 더 ㉢돋보일까 봐 칭찬에 *인색한 사람이 있습니다.

"선생님, 우리 중에서 주연이가 제일 열심히 청소했어요."

"너의 *끈기는 우리 중에 최고야!"

이런 식으로 칭찬을 하다 보면 칭찬하는 사람의 마음이 넓어질 수 있답니다.

가까이 지내는 가족과 친구들에게 오늘부터 칭찬을 많이 해 줍시다. 칭찬하는 것이 얼마나 기쁘고 행복한 일인지 알게 될 것입니다.

---

*서툴러서: 어떤 것에 미숙하거나 잘하지 못해서.

*천하를 얻은 듯: 매우 기쁘고 만족스러움을 비유적으로 이르는 말.

*인색한: 어떤 일을 하는 데에 몹시 쌀쌀하고 너그럽지 못한.

*끈기: 쉽게 포기하지 않고 계속해서 참고 견디는 성질.

1 주제

이 글의 중심 생각은 무엇인지 쓰세요.

가까운 사람들에게 [   ][   ] 을 많이 하자.

2 내용 이해

글쓴이는 사람들이 왜 칭찬을 잘하지 못한다고 했는지 알맞은 것을 두 가지 고르세요.

(   )

① 서툴러서   ② 귀찮아서
③ 쑥스러워서   ④ 방법을 몰라서
⑤ 칭찬이 좋은 말인지 몰라서

3 내용 이해

글쓴이의 생각을 뒷받침하는 내용으로 알맞은 것을 모두 고르세요. (   )

① 칭찬을 하면 칭찬을 듣는 사람은 인색해진다.
② 칭찬을 하면 칭찬하는 사람은 마음이 넓어진다.
③ 칭찬을 하면 칭찬하는 사람은 욕심이 많아진다.
④ 칭찬을 하면 칭찬을 듣는 사람은 기분이 좋아진다.
⑤ 칭찬을 하면 칭찬을 듣는 사람은 더 잘하고 싶은 마음이 생긴다.

4 추론

㉠에 들어갈 말로 알맞은 것을 두 가지 찾아 기호를 쓰세요.

> ㉮ "아빠, 용돈 좀 올려 주세요."
> ㉯ "엄마, 엄마가 만들어 주신 음식이 제일 맛있어요."
> ㉰ "서진아, 어떻게 하면 너처럼 글씨를 예쁘게 쓸 수 있니?"

(   )

☆ 듣는 사람의 기분을 좋게 만드는 칭찬을 찾아봐.

5

적용·창의

ⓒ의 내용에 어울리는 말을 찾아 ○표 하세요.

(1) "아들아, 넌 노래를 특별히 잘하는 것 같지는 않구나. 노래 말고 미술을 하면 안 되겠니?" ( )

(2) "아들아, 네 노래 실력은 하루가 다르게 좋아지고 있구나. 넌 앞으로 훌륭한 성악가가 될 거야." ( )

6

어휘·표현

ⓒ'돋보일까 봐'와 바꾸어 쓸 수 있는 말에 ○표 하세요.

(1) 미안해할까 봐 ( )

(2) 우스워질까 봐 ( )

(3) 두드러질까 봐 ( )

7

비판

이 글을 읽고 글쓴이의 생각에 대한 자신의 생각을 바르게 말한 친구는 누구인지 ○표 하세요.

(1) 글쓴이는 칭찬은 대단한 것을 찾아내서 해야 한다고 했는데, 나는 작은 것이라도 찾아서 하면 된다고 생각해.

( )

(2) 쑥스러워서 가족들에게는 칭찬을 하지 못했는데, 앞으로는 칭찬을 많이 해야겠다고 다짐했어.

( )

☆ 글쓴이의 생각을 바르게 파악하고 말한 친구를 찾아봐.

내용 정리

★ 빈칸에 알맞은 말을 쓰거나 ○표를 하여 오늘 읽은 글의 내용을 정리해 보세요.

글쓴이의 생각	가까운 사람들에게 ❶( )을 많이 합시다.
생각을 뒷받침하는 내용	• 칭찬을 듣는 사람은 기분이 ❷( ). • 칭찬을 듣는 사람은 더 ❸(잘하고, 못하고) 싶은 마음이 생긴다. • 칭찬하는 사람은 마음이 ❹( ).

어휘 정리

1 다음 문장에 알맞은 낱말을 ( ) 안에서 골라 ○표 하세요.

⑴ 처음 본 친구에게 말을 걸기가 (쑥스러웠다, 안쓰러웠다).

⑵ 자전거 타는 게 아직 (서둘러서, 서툴러서) 계속 넘어졌다.

⑶ 웃음에 (인색하신, 인자하신) 아빠가 많이 웃으셨으면 좋겠다.

2 밑줄 친 관용어가 알맞게 쓰인 것에 ○표 하세요.

⑴
| 집에 같이 가자고 했던 민지가 <u>천하를 얻은 듯</u> 사라져 버렸다. |
( )

⑵
| 선생님께 생각이 깊다는 칭찬을 들었을 때 <u>천하를 얻은 듯</u> 기뻤다. |
( )

비법
훈련

(가)   미국과 캐나다, 스위스, 인도 등 수많은 국가에서는 돌고래를 수족관에 가 두고 돌고래 쇼를 하는 것을 법으로 금지하고 있어요. 그런데 우리나라의 제 주도와 거제도 등에서는 ㉠여전히 돌고래를 수족관에 가두고 돌고래 쇼를 하 고 있어요. 수족관에 갇혀 있는 돌고래를 넓은 바다로 돌려보내 주세요. 수족 관에서 돌고래가 어떻게 살고 있는지 안다면 *가슴이 미어져 돌고래 쇼를 웃 으며 볼 수 없을 거예요. 돌고래는 수족관에서 어떻게 살고 있을까요?

  수족관에 갇힌 돌고래는 영양 *불균형을 겪고 있어요. 바다에 사는 돌고래 는 물고기, 오징어, 문어 등 다양한 종류의 먹이를 먹고 살지만 수족관에 갇 힌 돌고래는 먹이의 종류가 훨씬 적어요.

(나)   수족관에 갇힌 돌고래는 운동 부족을 겪고 있어요. 바다에 사는 범고래는 하루에 160킬로미터를, 흰고래나 큰돌고래는 50킬로미터 이상을 이동해요. 그런데 수족관은 깊이가 얕고 비좁아서 그럴 수 없어요. 그래서 ㉡수족관에 갇힌 돌고래는 벽에 부딪히거나 같은 자리에서 계속 뛰어오르는 행동을 해요.

  수족관에 갇힌 돌고래는 *수명이 짧아요. 돌고래가 바다에서는 40년 정도 살 수 있는데 수족관에서는 4년 정도밖에 살지 못해요. 수족관에 갇힌 돌고래는 좁은 공간에서 스트레스를 받아 *면역력이 약해지기 때문에 수명이 짧아요.

(다)   저는 돌고래를 좁은 수족관에 가두고 *혹독한 훈련을 시켜 돌고래 쇼를 하는 것은 동물 *학대라고 생각해요. 하루빨리 수족관에 갇혀 있는 돌고래를 넓은 바다로 돌려보내 자유롭게 살도록 해 주세요.

▲ 돌고래

* 가슴이 미어지다: 슬픔으로 마음이 매우 아프다.
* 불균형: 어느 한쪽으로 기울거나 치우쳐 고르지 않음.
* 수명: 사람이나 동식물이 살아 있는 기간.
* 면역력: 몸 밖에서 들어온 병균을 이겨 내는 힘.
* 혹독한: 몹시 심한.
* 학대: 정신적으로나 육체적으로 몹시 괴롭히고 못살게 굶.

1

 주제

글쓴이가 이 글을 쓴 목적으로 알맞은 것을 찾아 기호를 쓰세요.

> ㉮ 돌고래 쇼를 보지 말라고 당부하기 위해서
>
> ㉯ 돌고래가 살기 좋은 환경을 알려 주기 위해서
>
> ㉰ 수족관에 갇혀 있는 돌고래를 바다로 돌려보내 달라고 부탁하기 위해서

(   )

☆ 글쓴이가 무엇을 말하고 싶어서 글을 썼는지 파악해 봐.

2

내용 이해

글쓴이가 자신의 생각을 뒷받침하기 위해 제시한 내용으로 알맞은 것을 모두 고르세요. (   )

① 수족관에 갇힌 돌고래는 수명이 짧다.

② 수족관에 갇힌 돌고래는 운동 부족을 겪고 있다.

③ 수족관에 갇힌 돌고래는 혼자 외롭게 지내고 있다.

④ 수족관에 갇힌 돌고래는 영양 불균형을 겪고 있다.

⑤ 수족관에 갇힌 돌고래는 아무런 훈련도 없이 쇼를 하고 있다.

3

어휘·표현

㉠'여전히'의 뜻으로 알맞은 것에 ○표 하세요.

> 우연히   마지막으로   전과 똑같이

4

내용 이해

㉡의 까닭으로 알맞은 것은 무엇인가요? (   )

① 배가 불러서   ② 짝을 찾기 위해서

③ 숨을 쉬기 위해서   ④ 수족관이 얕고 비좁아서

⑤ 훈련을 계속 하기 위해서

5 이 글을 읽고 짐작한 내용으로 알맞은 것에 ○표 하세요.

추론

(1) 돌고래 쇼를 하는 돌고래들은 똑똑한 편이다. ( )

(2) 우리나라는 돌고래 쇼를 법으로 금지하지 않는다. ( )

(3) 돌고래가 다양한 종류의 먹이를 먹는 것은 스트레스를 푸는 데 도움이 된다.

( )

6 다음 내용은 ㉮~㉲ 중 어디에 들어가는 것이 알맞을지 기호를 쓰세요.

짜임

> 수족관에 갇힌 돌고래는 수족관 환경이 일정하기 때문에 자극을 받지 못하고 지루함을 느끼며 살아가요. 그런데 바다에 사는 돌고래는 바닷물의 흐름이 끊임없이 바뀌는 환경에서 자극을 받으며 활발하게 살아가요.

( )

☆ 글쓴이의 생각을 뒷받침하는 내용은 글의 어느 부분에 들어가면 좋을지 생각해 봐.

7 이 글을 읽고 글쓴이의 생각을 알맞게 판단하여 말한 친구는 누구인지 쓰세요.

비판

> 유진: 글쓴이는 돌고래를 바다로 돌려보내 주어야 한다고 했는데, 나는 바다 환경을 위해 플라스틱 사용을 줄여야 한다고 생각해.
> 현태: 아쿠아리움에서 돌고래 쇼를 본 적이 있어. 나도 글쓴이처럼 많은 사람들이 돌고래를 볼 수 있게 수족관에서 키워도 된다고 생각해.
> 소영: 수족관에 사는 돌고래의 수명이 그렇게 짧은 줄 몰랐어. 돌고래가 오래 살 수 있게 글쓴이처럼 돌고래를 바다로 돌려보내야 한다고 생각해.

( )

📝 내용 정리

★ 빈칸에 알맞은 말을 쓰거나 ◯표를 하여 오늘 읽은 글의 내용을 정리해 보세요.

글쓴이의 생각	❶( )에 갇혀 있는 돌고래를 넓은 바다로 돌려보내 주세요.
생각을 뒷받침하는 내용	• 수족관에 갇힌 돌고래는 영양 ❷(균형, 불균형)을 겪고 있다. • 수족관에 갇힌 돌고래는 운동 ❸( )을 겪고 있다. • 수족관에 갇힌 돌고래는 수명이 ❹(길다, 짧다).

🔍 어휘 정리

1 빈칸에 알맞은 낱말을 ◦보기◦에서 찾아 쓰세요.

◦보기◦   수명   학대   면역력

⑴ ( )이 약하면 감기에 걸리기 쉽다.

⑵ 의학 기술의 발달로 인간의 ( )이 점점 길어지고 있다.

⑶ 강아지가 주인에게 ( )를 받는 영상을 보고 눈물이 났다.

2 빈칸에 들어갈 관용어로 알맞은 것에 ◯표 하세요.

몇 년째 병원에 누워 계신 엄마를 생각하면 　　　　　.

⑴ 가슴이 트인다

( )

⑵ 가슴이 미어진다

( )

⑶ 가슴이 넓어진다

( )

민재: 저는 초등학생의 스마트폰 사용을 〔 ㉠ 〕합니다.

얼마 전에 한 어린이가 스마트폰을 보면서 횡단보도를 건너다가 오토바이와 부딪히는 것을 보았습니다. 또 친구가 스마트폰에 ㉡정신이 팔려 육교 계단을 내려오다가 넘어지는 것을 본 적도 있습니다. 이처럼 *보행 중에 스마트폰을 사용하면 사고가 날 위험이 높습니다.

그뿐만이 아닙니다. 스마트폰으로 동영상을 오래 보거나 게임을 오래 하면 눈도 많이 나빠집니다. 스마트폰 화면을 쳐다보는 동안에는 눈을 적게 깜빡이게 되어 눈에 나쁜 영향을 준다고 합니다.

따라서 초등학생에게 아직은 스마트폰이 필요하지 않다고 생각합니다.

효주: 저는 초등학생의 스마트폰 사용을 〔 ㉢ 〕합니다.

스마트폰은 편리한 기능이 많아서 학습에 도움이 됩니다. 예를 들어 숙제를 하다가 궁금한 점이 있으면 스마트폰으로 자료를 찾아볼 수 있습니다. 또 스마트폰으로 선생님께서 올려 주신 영상을 보면서 온라인 수업을 받을 수 있습니다.

그리고 스마트폰은 친구들과의 관계를 더 가까워지게 합니다.

부모님의 도움을 받아 스마트폰 사용 시간을 *제한하면 얼마든지 스마트폰 *중독을 막을 수 있습니다.

따라서 초등학생에게도 스마트폰은 꼭 필요하다고 생각합니다.

* 보행: 걸어 다님.
* 제한하면: 일정한 정도나 범위를 정하거나, 그 정도나 범위를 넘지 못하게 막으면.
* 중독: 어떤 것에 빠져서 정상적인 생각이나 판단을 할 수 없는 상태.

1

주제

민재와 효주는 무엇에 대해 말하고 있나요? (   )

① 학원에 꼭 다녀야 하는지

② 초등학생에게 스마트폰이 필요한지

③ 휴대 전화 사용 시간을 줄여야 하는지

④ 초등학생의 게임 중독을 막을 수 있는지

⑤ 초등학생에게 온라인 수업이 도움이 되는지

2

추론

㉠과 ㉢에 들어갈 말을 찾아 알맞게 선으로 이으세요.

(1)   ㉠ •

(2)   ㉢ •

• ㉮   찬성

• ㉯   반대

☆ 뒤에 이어지는 내용이 초등학생의 스마트폰 사용을 찬성하는 내용인지, 반대하는 내용인지 살펴봐.

3

내용 이해

다음 생각을 뒷받침하는 내용을 《보기》에서 찾아 기호를 쓰세요.

《보기》
㉮ 스마트폰은 학습에 도움이 된다.
㉯ 스마트폰은 눈에 나쁜 영향을 준다.
㉰ 스마트폰은 친구들과의 관계를 더 가까워지게 한다.
㉱ 보행 중에 스마트폰을 사용하면 사고가 날 위험이 높다.

(1) 초등학생에게 스마트폰은 필요하다.   (   )

(2) 초등학생에게 스마트폰은 필요하지 않다.   (   )

4

내용 이해

효주는 어떻게 하면 스마트폰 중독을 막을 수 있다고 했는지 쓰세요.

스마트폰 ☐☐ ☐☐ 을 ☐☐ 한다.

5 ⓛ에서 쓰인 '정신이 팔리다'의 뜻으로 알맞은 것에 ○표 하세요.

어휘·표현

(1) 최선을 다하다. ( )

(2) 정신이 맑아지다. ( )

(3) 너무 집중해서 다른 것에 신경을 쓰지 못하다. ( )

6 다음 친구는 민재와 효주 중에서 누구와 생각이 같은지 쓰세요.

비판

> 서점 가는 길이 헷갈렸는데 스마트폰으로 위치를 검색해서 무사히 찾아갔던 적이 있어. 편리한 기능이 많은 스마트폰은 초등학생이 사용해도 아무런 문제가 없다고 생각해.

( )

7 다음 중 민재의 생각을 뒷받침할 신문 기사의 내용으로 알맞은 것에 ○표 하세요.

적용·창의

(1)
> 미국 하와이 호놀룰루에서는 '보행 중 스마트폰 사용 금지법'이 통과되었다.
>
> – ○○ 신문 –

( )

(2)
> 영국의 한 대학 연구팀은 스마트폰이 뇌 발달을 막지 않는다는 연구 결과를 발표하였다.
>
> – △△ 신문 –

( )

☆ 민재는 초등학생의 스마트폰 사용을 반대한다고 말했어.

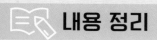

내용 정리

★ 빈칸에 알맞은 말을 쓰거나 ○표를 하여 오늘 읽은 글의 내용을 정리해 보세요.

	민재	효주
생각	초등학생에게 스마트폰이 ❶(필요하다, 필요하지 않다).	초등학생에게 스마트폰이 ❷(필요하다, 필요하지 않다).
생각을 뒷받침하는 내용	• ❸(　　　　) 중에 스마트폰을 사용하면 사고가 날 위험이 높다. • 스마트폰은 눈에 나쁜 영향을 준다.	• 스마트폰은 ❹(　　　　)에 도움이 된다. • 스마트폰은 친구들과의 관계를 더 가까워지게 한다.

어휘 정리

1 빈칸에 알맞은 낱말을 ○보기○에서 찾아 쓰세요.

○ 보기 ○　　　　　　　보행　　　제한　　　중독

(1) 컴퓨터 게임에 (　　　　)된 어린이들이 늘고 있다.

(2) 밤 9시 이후에는 도서관 이용을 (　　　　)하고 있다.

(3) 어제 무릎을 다쳤지만 (　　　　)에는 큰 어려움이 없다.

2 밑줄 친 말과 바꾸어 쓸 수 있는 말을 두 가지 찾아 ○표 하세요.

"너는 눈만 뜨면 스마트폰을 보는구나!"　　　　(밤낮으로, 자나 깨나, 눈물을 짜며)

＊성인: 어른이 된 사람.
＊평균: 수나 양, 정도의 중간값을 갖는 수.

1

내용 이해

이 광고에서 문제라고 생각하는 상황은 무엇인지 ○표 하세요.

(1) 어린이들이 책을 읽지 않는다.   (   )

(2) 대한민국 성인의 평균 키가 작다.   (   )

(3) 대한민국 성인의 평균 독서량이 적다.   (   )

☆ 이 광고를 만든 것은 어떤 문제 상황 때문인지 생각해 봐.

2

주제

이 광고는 어떤 생각을 전하기 위해 만든 것인가요? (　　　)

① 독서를 하자.

② 책을 깨끗이 보자.

③ 자세를 바르게 하자.

④ 키 크는 운동을 하자.

⑤ 아이들과 눈높이를 맞추자.

3

내용 이해

이 광고에서 '나'와 삼촌은 무엇이 같다고 했나요? (　　　)

① 꿈   ② 실제 키

③ 생각의 키   ④ 읽고 싶은 책

⑤ 일 년 동안 읽은 책의 권수

4

어휘·표현

㉠'성인'과 뜻이 비슷한 낱말을 광고에서 찾아 쓰세요.

5 추론

ⓛ에 담긴 뜻으로 알맞은 것에 ○표 하세요.

(1) 독서를 하면 키가 커진다. ( )

(2) 독서를 하면 생각하는 힘이 길러진다. ( )

(3) 한번 독서를 하면 계속 하고 싶어진다. ( )

6 비판

이 광고를 보고 자신의 생각을 바르게 말한 친구는 누구인지 ○표 하세요.

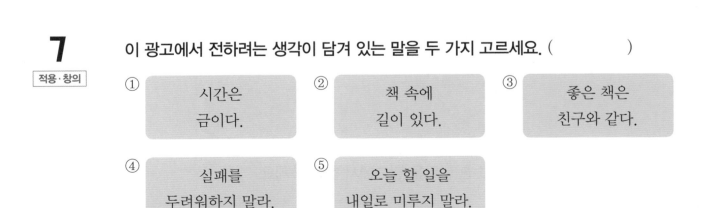

(1) 나는 책을 읽고 몰랐던 것을 많이 알게 되었어. 그래서 나도 광고에서 말한 것처럼 독서를 많이 해야 한다고 생각해.

( )

(2) 어른들이 일 년 동안 책을 많이 읽는다는 사실에 놀랐어. 나도 광고에서 주장한 대로 어린이들도 책을 많이 읽어야 한다고 생각해.

( )

7 적용·창의

이 광고에서 전하려는 생각이 담겨 있는 말을 두 가지 고르세요. ( )

① 시간은 금이다.

② 책 속에 길이 있다.

③ 좋은 책은 친구와 같다.

④ 실패를 두려워하지 말라.

⑤ 오늘 할 일을 내일로 미루지 말라.

☆ 독서가 중요하다는 생각이 담겨 있는 말을 찾아봐.

📝 내용 정리

⭐ 빈칸에 알맞은 말을 쓰거나 ○표를 하여 오늘 읽은 글의 내용을 정리해 보세요.

> 사진 속 아이는 삼촌보다 실제 키는 작지만 독서를 많이 하여 ❶(   )의 키는 삼촌과 같습니다. 이 사진은 대한민국 성인의 1년 독서량이 ❷(적다, 많다)는 것을 강조하기 위해서 제시한 것입니다. 생각하는 힘이 자랄 수 있도록 ❸(   )를 하자는 생각을 전하는 광고입니다.

🔍 어휘 정리

1 빈칸에 알맞은 낱말을 ○보기○에서 찾아 쓰세요.

> ○ 보기 ○   성인   평균   독서량

(1) 어린이에 비해 (   )의 입장료가 너무 비쌌다.

(2) 지구의 (   ) 기온이 올라갈수록 전염병의 위험도 높아진다.

(3) (   )이 너무 적은 것 같아서 오늘부터 책을 더 많이 읽기로 했다.

2 빈칸에 들어갈 관용어로 알맞은 것에 ○표 하세요.

> 아이: 삼촌, 저에게 독서를 열심히 해야 한다고 볼 때마다 말씀하셨잖아요?
> 삼촌: 어어……, 내가 그랬나? 삼촌이 너무 부끄러워서 ▨▨▨▨▨!

(1) 배꼽을 잡을 뻔했구나

(2) 고개를 들지 못하겠구나

(3) 이를 악물지 못하겠구나

(   )   (   )   (   )

　길을 가는데 모르는 사람이 다가와서 "집 주소와 전화번호를 적으면 선물을 공짜로 드립니다."라고 말하면 어떻게 해야 할까요? 우리가 ㉠눈치채지 못하게 우리의 개인 정보를 도둑처럼 훔치는 나쁜 사람이니까 （　㉡　） 알려 주면 안 돼요.

　개인 정보는 집 주소나 전화번호 외에도 이름, 다니는 학교, 부모님 직업 등 친구들과 나를 구분해 주는 정보를 말해요. 모르는 사람에게 개인 정보를 함부로 알려 주지 말아야 하는 까닭은 다음과 같아요.

　첫째, 모르는 사람이 개인 정보를 빼내서 우리 가족의 안전과 재산에 큰 피해를 입힐 수 있어요. 어린이 *유괴범들이 부모님께 돈을 요구하는 무서운 사건도 우리 가족의 개인 정보가 모르는 사이에 빠져나간 것과 관련이 깊어요.

　둘째, 모르는 사람으로부터 광고 문자나 이메일을 계속 받게 돼요. 길거리나 인터넷에서 '선물 나눠 주기' *이벤트 같은 것을 한다며 이메일 주소나 전화번호를 적게 할 때가 있어요. 이때 빼낸 개인 정보로 광고 문자나 이메일을 *시도 때도 없이 보내는 거예요.

　개인 정보는 다른 사람이 아닌 자신만 이용해야 해요. 그런데 모르는 사람이 개인 정보를 몰래 빼내 （　㉢　） 자기 것처럼 사용할 수 있어요. 따라서 소중한 개인 정보를 아무에게나 가르쳐 주지 말아야 해요. 만약 개인 정보를 알려 주어야 할 때에는 부모님께 먼저 여쭤 보고 허락을 받도록 해요.

* 유괴범: 돈 등을 요구할 목적으로, 주로 아이를 속여서 꾀어냄으로써 이루어지는 범죄. 또는 그 범인.
* 광고 문자: 문자를 이용하여 상품에 대한 정보 등을 알리며 홍보하는 광고.
* 이벤트: 많은 사람들을 대상으로 여는 행사.
* 시도 때도 없이: 시간을 가리지 않고 자주.

1 주제

글쓴이가 이 글을 쓴 까닭이 잘 드러나게 제목을 붙이려고 합니다. 알맞은 것의 기호를 쓰세요.

> ㉮ 개인 정보를 잘 기억해요
> ㉯ 유괴범을 따라가지 말아요
> ㉰ 개인 정보를 함부로 알려 주지 말아요

(　　　　　　　)

☆ 글쓴이의 생각이 잘 드러나게 붙이면 돼.

2 내용 이해

개인 정보에 해당하지 <u>않는</u> 것은 무엇인가요? (　　　)

① 집 주소　　　　　　　　　　② 전화번호
③ 다니는 학교　　　　　　　　④ 부모님 직업
⑤ 우리나라의 인구

3 내용 이해

글쓴이의 생각을 뒷받침하는 내용을 정리한 것입니다. 빈칸에 알맞은 말을 쓰세요.

(1) 개인 정보를 알려 주면 모르는 사람이 우리 가족의 ☐☐ 과 재산에 큰 피해를 입힐 수 있다.

(2) 개인 정보를 알려 주면 모르는 사람으로부터 ☐☐ 문자나 이메일을 계속 받게 된다.

4 어휘·표현

㉠'눈치채지 못하게' 대신 쓸 수 있는 말은 무엇인가요? (　　　)

① 힘들지 않게　　　　　　　　② 화나지 않게
③ 걱정하지 않게　　　　　　　④ 도망가지 못하게
⑤ 알아차리지 못하게

5

어휘·표현

ⓛ과 ⓒ에 들어갈 말을 찾아 알맞게 선으로 이으세요.

(1) ⓛ •

(2) ⓒ •

• ㉮ 마치

• ㉯ 절대로

6

비판

글쓴이와 같은 생각을 가지고 있는 친구의 이름을 쓰세요.

> 종민: 아무리 조심해도 개인 정보는 언젠가는 다 알려지게 되어 있어. 그래서 나는 미리 개인 정보를 알려 주어도 괜찮다고 생각해.
>
> 연아: 나는 그동안 개인 정보가 알려지면 피해를 입을 수 있다는 걸 몰랐어. 글을 읽고 내 개인 정보를 꼭 지켜야겠다는 생각이 들었어.

( )

7

적용·창의

이 글에서 글쓴이가 주장한 것을 잘 실천하지 <u>않은</u> 친구는 누구인가요? ( )

① 다현: 이메일 비밀번호를 정기적으로 바꾸었어.

② 민희: 부모님의 개인 정보를 아무 데나 적지 않았어.

③ 서우: 내 아이디와 비밀번호를 친한 친구에게 알려 주었어.

④ 예진: 학교에서 컴퓨터를 사용하고 난 다음에는 꼭 로그아웃을 했어.

⑤ 성규: 인터넷에 회원 가입을 해야 할 경우에는 먼저 부모님께 말씀드렸어.

☆ 개인 정보를 소중히 지키지 않은 행동을 찾아봐.

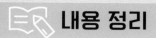 **내용 정리**

⭐ 빈칸에 알맞은 말을 쓰거나 ○표를 하여 오늘 읽은 글의 내용을 정리해 보세요.

글쓴이의 생각	모르는 사람에게 ❶(　　　　　　　　　　)를 함부로 알려 주지 말자.
생각을 뒷받침하는 내용	• 모르는 사람이 개인 정보를 빼내서 우리 가족의 안전과 ❷(　　　　　)에 큰 피해를 입힐 수 있다. • ❸(모르는, 아는) 사람으로부터 광고 문자나 이메일을 계속 받게 된다.

어휘 정리

1 다음 문장에 알맞은 낱말을 (　　) 안에서 골라 ○표 하세요.

(1) 생일이라서 (가짜, 공짜)로 음료수를 얻어먹었다.

(2) 도둑이 회사 컴퓨터에서 중요한 정보를 (빼내, 물어내) 갔다.

(3) 다 읽은 책은 앞으로 읽을 책과 (구분해서, 구조해서) 정리했다.

2 밑줄 친 말의 뜻이 **보기**와 같아 문장의 뜻이 서로 같은 것에 ○표 하세요.

○ 보기 ○
　　　　위층에 사는 아이들이 <u>시도 때도 없이</u> 뛰어서 잠을 못 잤다.

(1) 위층에 사는 아이들이 <u>허락도 없이</u> 뛰어서 잠을 못 잤다.　　　　(　　)

(2) 위층에 사는 아이들이 <u>아무 때나 가리지 않고</u> 뛰어서 잠을 못 잤다.　　(　　)

여러분은 보통 하루에 몇 시간 정도 잠을 자나요? 초등학생은 8~10시간 정도 잠을 자는 것이 적절합니다. 그런데 우리나라 초등학생의 *수면 시간을 조사한 결과, 조사 대상자 중 절반 정도가 학원이나 과외, 게임, 공부 등으로 "잠이 부족하다."라고 *응답했습니다. 이렇게 잠이 부족하면 여러 가지 문제가 생길 수 있습니다. 성장기의 어린이는 잠을 충분히 자는 것이 매우 중요합니다.

㉮ 잠을 충분히 자면 성장 호르몬이 잘 나오게 됩니다. 성장기에 나오는 성장 호르몬은 어린이들의 뼈와 근육을 발달시켜 키가 잘 자라게 합니다. 성장 호르몬은 밤 10시에서 새벽 2시 사이에 가장 많이 나옵니다. 그래서 이 시간에는 잠을 푹 자야 합니다.

㉯ 또한 잠을 충분히 자면 기억력이 좋아집니다. 밤에 충분히 잔 학생은 잠이 부족한 학생보다 학습한 내용을 기억하는 능력이 30퍼센트 이상 ㉠ 는 실험 결과도 있습니다.

㉰ 마지막으로 잠이 부족하면 건강에 *이상이 생깁니다. 잠을 충분히 자지 않으면 몸의 면역력이 ㉡떨어져 쉽게 병에 걸릴 수 있습니다. 또 배고픔을 느끼게 하는 호르몬이 나와서 비만이 될 *확률이 높은 것으로 나타났습니다.

"잠은 최고의 보약"이라는 말이 있듯이 충분한 잠은 우리의 건강에 무척 중요합니다. 특히 어린이들이 건강하게 성장하기 위해서는 하루 8시간 이상 잠을 충분히 자야 합니다.

*수면: 잠을 자는 일.
*응답했습니다: 부름이나 물음에 답했습니다.
*성장기: 성장하는 시기.
*이상: 정상적인 것과 다름.
*확률: 일정한 조건 아래에서 어떤 일이 일어날 수 있는 가능성의 정도. 또는 그 정도를 계산한 수치.

1

주제

글쓴이가 이 글을 쓴 까닭은 무엇인가요? (   )

① 어린이 비만의 위험성을 말하려고

② 기억력을 높이는 학습을 해야 한다고 말하려고

③ 성장기의 어린이는 보약을 먹어야 한다고 말하려고

④ 성장기의 어린이는 잠을 충분히 자야 한다고 말하려고

⑤ 성장기의 어린이는 밖에서 뛰어놀아야 한다고 말하려고

2

추론

㉠에 들어갈 알맞은 말에 ◯표 하세요.

(낮다, 높다)

☆ 앞 문장에서 잠을 충분히 자면 기억력이 좋아진다고 했잖아.

3

어휘·표현

㉡'떨어져'와 바꾸어 쓸 수 있는 말은 무엇인가요? (   )

① 빠져   ② 사라져   ③ 없어져

④ 끊어져   ⑤ 약해져

4

내용 이해

글쓴이의 생각을 뒷받침하는 내용으로 맞는 것에는 ◯표, **틀린** 것에는 ×표 하세요.

(1) 잠을 충분히 자면 기억력이 떨어진다.   (   )

(2) 잠이 부족하면 건강에 이상이 생긴다.   (   )

(3) 잠을 충분히 자면 성장 호르몬이 잘 나온다.   (   )

(4) 잠을 충분히 자지 않으면 키가 절대로 자라지 않는다.   (   )

짜임

5 다음 내용은 ㉮~㉰ 중 어느 부분에 들어가는 것이 알맞은지 기호를 쓰세요.

> ○○ 병원 연구팀은 수면 시간이 부족하면 심장병, 고혈압, 치매, 우울증 등이 발생할 수 있다는 연구 결과를 발표했습니다.

(   )

☆ 글쓴이의 생각을 뒷받침하는 세 가지 내용 중에서 어느 것과 관련이 있는지 생각해 봐.

비판

6 친구들이 이 글을 읽고 자신의 생각을 말했습니다. 알맞게 말하지 <u>못한</u> 친구는 누구인 지 쓰세요.

> 주형: 만화책을 보다가 밤늦게 잔 날이 많았는데, 글을 읽고 잠을 일찍 자야겠다는 생각이 들었어.
> 태연: 글쓴이는 건강을 위해 운동을 꾸준히 하는 게 가장 중요하다고 했는데, 나는 잠을 잘 자는 게 더 중요하다고 생각해.
> 찬호: 잠 자는 시간과 기억력이 관련 있는 줄은 몰랐어. 앞으로 기억력을 높이기 위해 잠을 충분히 자야겠다고 다짐했어.

(   )

적용·창의

7 글쓴이와 같은 생각을 가진 친구는 누구인지 ○표 하세요.

(1) (   )   (2) (   )   (3) (   )

📑 내용 정리

★ 빈칸에 알맞은 말을 쓰거나 ○표를 하여 오늘 읽은 글의 내용을 정리해 보세요.

글쓴이의 생각	성장기의 어린이는 잠을 ❶(적게, 충분히) 자야 한다.
생각을 뒷받침하는 내용	• 잠을 충분히 자면 ❷( )이 잘 나오게 된다. • 잠을 충분히 자면 ❸( )이 좋아진다. • 잠이 부족하면 ❹( )에 이상이 생긴다.

📖 어휘 정리

1 빈칸에 알맞은 낱말을 ○보기○에서 찾아 쓰세요.

> ○보기○   성장   이상   확률

(1) 눈에 (   ) 증세가 나타나 안과에 갔다.

(2) 일 년 사이에 키가 10센티미터나 (   )했다.

(3) 비 올 (   )이 높다고 해서 우산을 가지고 외출했다.

2 다음 문장에 알맞은 낱말을 (   ) 안에서 골라 ○표 하세요.

(1) 초인종을 아무리 눌러도 아무런 (응답, 응원)이 없다.

(2) 동생과 사과 한 개를 (통째로, 절반으로) 나누어 먹었다.

(3) 국이 싱거워서 소금으로 간을 (간절하게, 적절하게) 맞추었다.

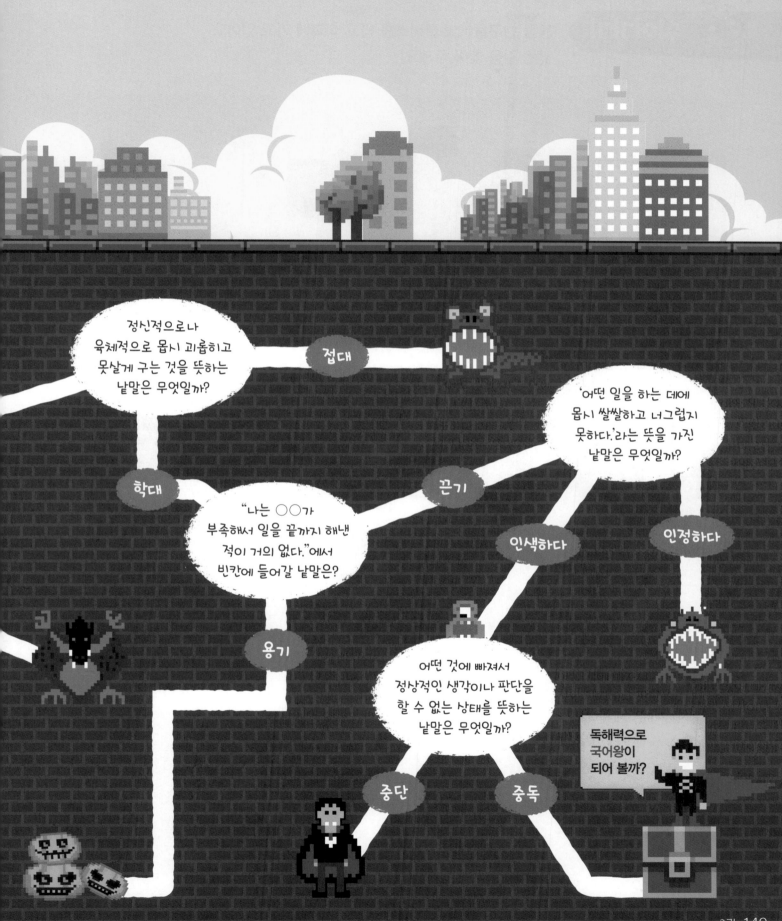

동물 친구들이 스쿨버스를 타고 학교에 가고 있어요.
맞는 길을 찾아 주세요!

정답 및 해설 16쪽에서 확인하세요.

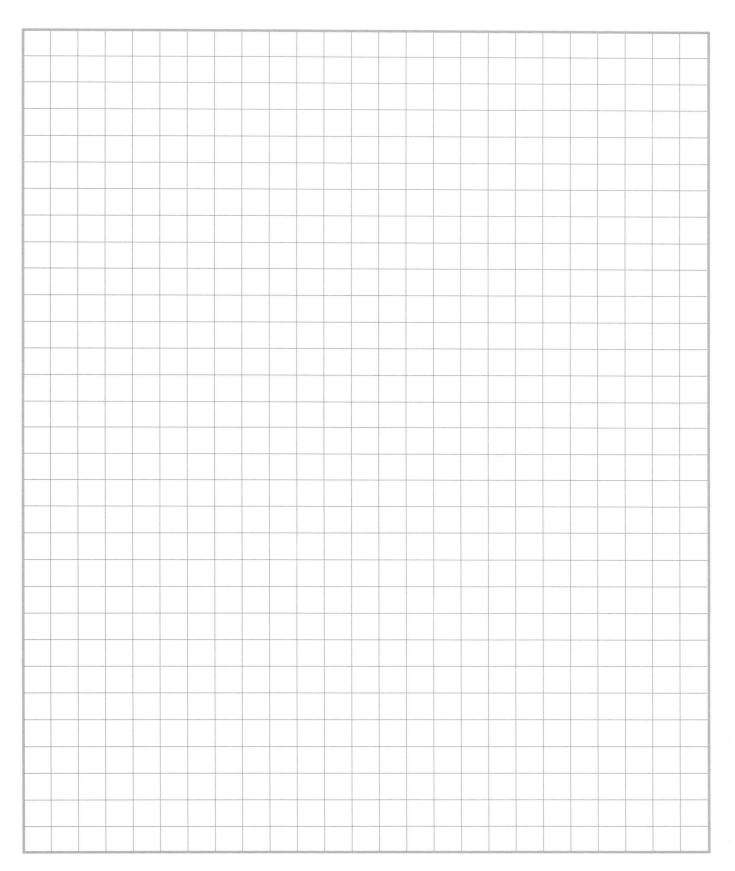

독해 비법이 담긴 기본편 을 완성하였습니다.

이제 본격 실전 문제로 실력을 키워 볼까요?
자, 실력편 으로 출발!

앗!

[정답 및 해설]이 어디 도망갔다고요?
길벗스쿨 홈페이지에 들어오세요.
도서 자료실에 딱 준비되어 있습니다!

기적의 독해력

기본편

정답 및 해설

3권

DAY 1

비법 1	예시	①
	연습	1 (1) ○　　2 (1) ㉯ (2) ㉮
비법 2	예시	(1) 4 (2) 1 (3) 2 (4) 3
	연습	1 (2) ○　　2 (1) ㉮ (2) ㉯

비법 1

예시 형과 아우는 형제간의 우애를 위해 금덩이를 다시 강물에 버렸습니다.

연습 1 농부는 황금 알을 한꺼번에 많이 얻고 싶은 욕심 때문에 거위의 배를 갈랐습니다.

비법 2

예시 강물에 빠진 개미가 비둘기 덕분에 살게 되었고, 개미는 사냥꾼의 발등을 물어 비둘기를 구해 주었습니다.

연습 1 맨 먼저 준비 체조를 했고, 이어서 50미터 달리기, 박터뜨리기, 이어달리기를 차례대로 했습니다.

연습 2 소금 장수와 기름 장수가 깜깜한 밤에 호랑이 배 속에서 만났고, 이튿날 아침에 호랑이가 죽어서 밖으로 나왔습니다.

DAY 2

비법 3	예시	④
	연습	1 (2) ○　　2 ㉢, ㉣
비법 4	예시	(2) ○
	연습	1 토끼　　2 (3) ○

비법 3

예시 그레텔은 새어머니가 자기와 오빠를 숲속에 갖다 버리려고 한다는 것을 알고, 무섭고 걱정하는 마음이 들어서 울음을 터뜨렸을 것입니다.

연습 1 네로는 개가 눈을 뜬 것이 기뻐서 소리쳤을 것입니다.

비법 4

예시 산에서 내려온 염소들을 갖고 싶어서 그 염소들만 배불리 먹인 목동에게는 (2)와 같은 충고가 어울립니다.

연습 2 (1)과 (2)는 각각 민서와 승아의 행동에 어울리는 말이 아닙니다.

DAY 3

1 ①, ③　　2 ④　　3 ②　　4 꽃　　5 (1) 3 (2) 2 (3) 1
6 (3) ○　　7 어머니

내용 정리	❶ 비　❷ (말린) 꽃　❸ 꽃향기
어휘 정리	1 (1) 서재 (2) 심술 (3) 표정
	2 (1) ㉯ (2) ㉰ (3) ㉮

2 엄마는 비가 와서 심술이 난 비비에게 말린 꽃으로 꽃향기를 맡게 해 주어 비 오는 날에도 행복해질 수 있다는 것을 알려 주셨습니다.

3 비비는 꽃향기를 맡을 수 있게 되어 신이 나고 기뻤을 것입니다.

4 '진달래', '개나리', '패랭이'는 모두 꽃의 종류이므로 '진달래', '개나리', '패랭이'를 모두 포함하는 말은 '꽃'입니다.

5 비비가 비가 와서 심술이 나 있자, 엄마는 비비에게 말린 꽃의 향기를 맡게 해 주셨습니다. 그래서 비비는 행복해졌습니다.

6 비비는 비가 오면 행복해질 수 없다고 부정적으로만 생각했지만, 엄마 덕분에 비가 와도 행복해질 수 있다는 것을 알게 되었습니다. 그런 비비에게 어울리는 말은 (3)입니다.

7 비비와 성격이 비슷한 인물은 어머니입니다. 어머니가 날씨가 더우면 큰아들을 걱정하고 비가 오면 작은아들을 걱정한 것은 부정적으로만 생각한 것입니다. 이웃집 아주머니의 말처럼 날씨가 더우면 작은아들이 좋고, 비가 오면 큰아들이 좋다고 긍정적으로 생각할 수도 있습니다.

어휘 정리

1 (1) **서재**: 책을 갖추어 두고 책을 읽거나 글을 쓰는 방.
　(2) **심술**: 타당하지 않게 고집을 부리는 마음.
　(3) **표정**: 마음속에 품은 감정이나 생각 등이 얼굴에 드러남. 또는 그런 모습.

2 (1) **주룩주룩**: 굵은 물줄기나 빗물 따위가 빠르게 자꾸 흐르거나 내리는 소리. 또는 그 모양.
　(3) **요리조리**: 일정한 방향이 없이 요쪽 조쪽으로.

1 ⑤　2 사또, 관아　3 (2) ○　4 ⑤
5 ㉠ → ㉢ → ㉡　6 사또　7 (3) ○

내용 정리	❶ 산딸기　❷ 뱀　❸ 지혜로운
어휘 정리	1 (1) 거역할　(2) 어리둥절하였다
	(3) 막무가내로　2 (2) ○

1 이방은 사또가 한겨울에 산딸기를 구해 오지 않으면 큰 벌을 내리겠다고 하자, 한겨울에 산딸기를 구하지 못하는 것은 당연한 일이므로 큰 벌을 받게 될 것이 걱정되어 병이 난 것입니다.

2 이방의 아들은 이방이 사또의 명령 때문에 병이 나서 자리에 눕자, 그 일을 해결하기 위해 관아로 가 사또를 만났습니다.

3 사또는 처음에 이방이 산딸기를 구하러 갔다가 독사에게 물려 움직이지 못한다는 이방 아들의 말을 듣고 화가 났습니다. 그러나 이방 아들이 겨울에 뱀이 없듯이 산딸기도 없다는 말을 하자, 자신의 행동이 부끄러워서 아무 말도 하지 못했습니다.

4 '어처구니없다'는 '일이 너무 뜻밖이어서 기가 막히는 듯하다.'라는 뜻으로, '어이없다'와 뜻이 같습니다.

5 이방은 한겨울에 산딸기를 따 오라는 사또의 명령을 받고 병이 나서 자리에 누웠습니다. 이 모습을 본 이방 아들은 사또를 찾아가 산딸기를 구할 수 없는 까닭을 지혜롭게 말하여 사또가 아무 말도 하지 못하게 했습니다.

6 한겨울에 산딸기를 따 오라고 억지를 부린 사또에게 해 줄 말로 알맞습니다.

7 이방 아들이 용기가 없고 지혜롭지 못한 성격으로 바뀐다면, 이방 아들은 사또를 찾아갈 생각도 못 하고 겨울에 구할 수 없는 산딸기를 구하러 산을 헤매고 다녔을 것입니다.

어휘 정리

1 (2) **어리둥절하다**: 일이 돌아가는 상황을 잘 알지 못해서 정신이 얼떨떨하다.

2 (1) **코웃음을 치다**: 다른 사람을 무시하고 비웃다.
(3) **콧대가 높다**: 잘난 체하고 뽐내는 태도가 있다.

1 부엌　2 ③, ⑤　3 ③　4 ④　5 ㉡　6 (3) ○
7 ⑤

내용 정리	❶ 당근　❷ 만두　❸ 꽃
어휘 정리	1 (1) 배기고　(2) 씩씩거리며　(3) 틀어박혀서는
	2 ⑤

1 예은이는 아빠께 꾸중을 듣고 기분이 좋지 않아서 자기 방에 틀어박혀 있다가 심심해져서 밖으로 나와 부엌으로 갔습니다.

2 "그런 거 안 먹으면 좀 어때?"라고 한 것으로 보아, 예은이가 먹고 싶지 않아서 골라낸 당근과 시금치를 가리킨다는 것을 알 수 있습니다.

3 아빠는 예은이가 가장 좋아하는 음식이 만두이므로 당근과 시금치를 이용해서 만두를 만들면 예은이에게 당근과 시금치를 먹일 수 있을 거라고 생각하셨습니다.

4 마지막 문장에서 아빠가 엄마를 향해 눈을 찡긋하신 것으로 보아, 아빠와 엄마가 예은이가 당근과 시금치를 먹게 할 방법으로 만두 만들기를 생각해 내신 것임을 짐작할 수 있습니다.

5 '㉡ → ㉠ → ㉢'의 차례대로 일이 일어났습니다.

6 당근과 시금치를 싫어해서 골라내다 야단을 맞은 예은이에게는 음식을 골고루 먹어야 몸이 튼튼해진다는 말을 해 줄 수 있습니다.

7 예은이가 당근과 시금치를 이용해 만두를 만들고 난 일과 자연스럽게 이어지는 내용이어야 합니다.

어휘 정리

1 (2) **까불거리다**: 가볍게 자꾸 흔들려 움직이다. 또는 그렇게 하다.
씩씩거리다: 숨을 매우 가쁘고 거칠게 쉬는 소리가 잇따라 나다. 또는 그런 소리를 잇따라 내다.

2 ① **기가 죽다**: 용기나 기세가 사라지거나 약해져 시무룩하다.
② **마음이 통하다**: 서로 생각이 같아 이해가 잘되다.
③ **뒤로 물러나다**: 맡은 자리를 그만두다.
④ **한숨을 돌리다**: 어려운 고비를 넘기고 여유를 갖다.

6 DAY

34~37쪽

1 ③   2 (2) ×   3 ④   4 ㉮   5 ㉰   6 ④   7 (2) ×

내용 정리   ❶ 옷장 정리   ❷ 멀쩡한   ❸ 책상 서랍

어휘 정리   1 (1) 기부   (2) 난장판   (3) 한숨   2 (2) ×

1 엄마는 '내'가 줄무늬 티셔츠를 찾느라 난장판으로 만들어 놓은 방을 보시더니, 주말에 하려고 했던 옷장 정리를 미리 하자고 하셨습니다.

2 ㉠과 (1), (3)의 '개다'는 모두 '옷이나 이부자리 따위를 겹치거나 접어서 단정하게 포개다.'라는 뜻으로 쓰였습니다. (2)의 '개다'는 '흐리거나 궂은 날씨가 맑아지다.'라는 뜻으로 쓰였습니다. 이 밖에 '개다'는 '가루나 덩이진 것에 물이나 기름 따위를 쳐서 서로 섞이거나 풀어지도록 으깨거나 이기다.'라는 뜻으로 쓰이기도 합니다.

3 ㉡의 뒤에 자전거를 타러 나가지 못하게 되자 짜증이 났다는 내용이 나오는 것으로 보아, '나'는 화가 나고 못마땅한 마음이 들었을 것입니다.

4 바로 다음에 이어지는 내용으로 보아, '내'가 줄무늬 티셔츠를 넣어 둔 곳이 생각나서 무릎을 치며 벌떡 일어났음을 알 수 있습니다.

5 '내'가 할머니께 줄무늬 티셔츠를 선물받은 일이 가장 먼저 일어난 일입니다. '㉰ → ㉯ → ㉱ → ㉮'의 차례대로 일이 일어났습니다.

6 옷장에 넣어 두어야 할 옷을 책상 서랍에 넣어 빨리 찾지 못한 '나'에게는 물건을 제자리에 두라는 충고의 말을 할 수 있습니다.

7 (2)의 내용은 글에서 일어난 일과 아무 관련이 없으므로 알맞지 않습니다.

어휘 정리

1 (3) **한숨**: 근심이나 설움이 있을 때, 또는 긴장하였다가 안도할 때 길게 몰아서 내쉬는 숨.

2 (2)에서는 놀라운 사실을 알게 되었을 때, 희미한 기억이 떠올랐을 때, 몹시 기쁠 때와 상관없이 졸고 있는 은지를 깨우기 위해 무릎을 친 것입니다.

7 DAY

42~45쪽

비법 1	**예시** ②
	연습 1 ④ 2 (3) ○
비법 2	**예시** ④
	연습 1 했다, 귀뚤귀뚤 2 ①, ②, ⑤

비법 1

예시 비 오는 날 우산을 쓰고 학교에 가는 아이들의 모습을 노래한 시로, 시의 제목이 '우산'이고 자주 나오는 낱말도 '우산'입니다.

연습 1 달팽이가 기어가는 모습을 보고 쓴 시로, 중심 글감인 '달팽이'를 제목으로 정하는 것이 알맞습니다.

비법 2

예시 '지난 밤'은 1연에서 한 번만 나옵니다.

연습 1 1연과 3연의 '이야기했다'와 '약속했다'에서 '~했다'가 반복되고, 2연과 4연에서 '귀뚤귀뚤'이 반복됩니다.

8 DAY

46~49쪽

비법 3	**예시** (3) ○
	연습 1 ④ 2 (2) ○
비법 4	**예시** ③
	연습 1 ①, ③ 2 ⑤

비법 3

예시 서로 자기 엄마가 제일이라고 말하거나 엄마를 자랑했던 경험을 떠올릴 수 있습니다.

연습 2 실수하거나 잘못한 일 때문에 잠이 오지 않는다는 내용의 시이므로 실수나 잘못을 해서 걱정스러운 마음이 들었던 일을 떠올리는 것이 알맞습니다.

비법 4

예시 입이 한 말이어야 하므로 딸기 맛을 표현한 '참 달콤하겠다.'가 알맞습니다.

연습 1 '치마'처럼 빨랫줄에 너는 것을 찾아봅니다.

연습 2 음식을 천천히 먹거나 천천히 걷는 모양을 흉내 내는 말이어야 하므로 '어기적어기적'이 알맞습니다.

9 DAY 50~53쪽

1 처음　2 ④　3 나도, 떨었지　4 ㉮　5 ④　6 ④
7 ②, ③

내용 정리　❶ 두려움　❷ 돌멩이　❸ 홍방구

어휘 정리　1 (1) 우뚝　(2) 두려움　(3) 엉겁결　2 (2) ○

1　누구나 처음 낯선 곳에 놓이게 되면 두려움에 떨 수 있다
　는 것을 노래한 시이므로 '처음엔 다 떨지'가 제목으로 알
　맞습니다.

2　시에서 말하는 이는 3월 입학식 날 처음 학교 교문을 들
　어섰을 때를 떠올리고 있습니다.

3　1연의 1행과 4행에서 '나도'와 '떨었지'가 반복되고, 1연과
　3연에서 '~엔'이 반복됩니다.

4　말하는 이는 낯선 친구들에게 자신의 이름을 소개할 때
　너무 떨려서 '홍방규'를 '홍방구'로 잘못 발음했습니다.

5　3월 입학식 날 낯선 학교에 처음 갔을 때의 떨림과 두려
　움이 잘 표현되어 있습니다.

6　낯선 곳에 혼자 놓였을 때 떨거나 두려움을 느꼈던 경험
　을 말한 친구를 찾아봅니다.

7　**달달달**: 춥거나 무서워서 몸을 떠는 모양.
　① **척척**: 전혀 망설이지 않고 선뜻선뜻 행동하는 모양.
　② **덜덜덜**: 춥거나 무서워서 몸을 몹시 떠는 모양.
　③ **두근두근**: 몹시 놀라거나 불안하여 자꾸 가슴이 뛰는
　　소리. 또는 그 모양.
　④ **대롱대롱**: 물건이나 사람이 매달려 가볍게 자꾸 흔들
　　리는 모양.
　⑤ **겅중겅중**: 긴 다리를 모으고 계속 힘 있게 솟구쳐 뛰
　　는 모양.

어휘 정리

1　(1) **우뚝**: 두드러지게 높이 솟아 있는 모양.
　(2) **두려움**: 겁나고 꺼려지는 마음. 또는 그런 느낌.

2　3월 입학식 날 학교에 가야 하는데 긴장되어서 마음 편하
　게 학교에 갈 수 없었다는 내용이 자연스러우므로 '발이
　떨어지지 않았다'가 알맞습니다.

---

10 DAY 54~57쪽

1 꽃밭　2 ㉯　3 ①, ②　4 ⑤　5 (2) ○　6 정석
7 ②

내용 정리　❶ 씨　❷ 꽃밭　❸ 호기심

어휘 정리　1 (1) 하루해　(2) 씨　(3) 꽃밭　2 (2) ○

1　1연에서 봉사나무 씨를 꽃밭에 묻었다고 했습니다.

2　시 속 인물은 봉사나무 씨를 꽃밭에 묻었다가 꽃이 필 때
　까지 기다리지 못하고 다시 파냈습니다. 씨에서 싹이 났
　는지 궁금해서 견딜 수 없었던 것입니다.

3　꽃밭에 씨를 묻은 뒤에는 꽃이 필 때까지 한참을 기다려
　야 하지만, 시 속 인물은 기다리지 못하고 씨를 파냈습니
　다. 그 모습을 통해 참을성이 없고 호기심이 많다는 것을
　짐작할 수 있습니다.

4　2연과 3연의 마지막 행에서 '파내 보지요'가 반복되고 있
　습니다.

5　봉사나무 씨를 꽃밭에 묻는 모습이나 다시 파내는 모습
　이 떠오릅니다.

6　시 속 인물처럼 참고 기다려야 하는 상황에서 호기심이
　생겨 참지 못했던 경험을 말한 친구를 찾아봅니다.

7　봉사나무 씨를 꽃밭에 심었다가 다시 파냈다는 내용의
　시이므로, '봉사나무 씨' 대신 어떤 씨를 심을 수 있을지
　생각해 보고, 또 '꽃밭' 대신 어디에 씨를 심을 수 있을지
　생각해 봅니다.

어휘 정리

1　(2) **씨**: 식물의 열매 속에 있는, 앞으로 싹이 터서 자라게
　　될 단단한 물질.
　(3) **꽃밭**: 꽃이 많이 피어 있거나 꽃을 심어 가꾸어 놓은
　　곳.

2　**보기**의 '묻다'는 '물건을 특정 장소 속에 넣고 다른 물질
　로 위를 덮어서 가리다.'라는 뜻이므로 (2)가 같은 뜻으로
　쓰였습니다.
　(1) **묻다**: 가루, 풀, 물 따위가 그보다 큰 다른 물체에 들
　　러붙거나 흔적이 남게 되다.
　(3) **묻다**: 무엇을 밝히거나 알아내기 위하여 상대편의 대
　　답이나 설명을 요구하는 내용으로 말하다.

DAY

62~65쪽

비법 1	예시	①
	연습	1 쓰임새 2 ④
비법 2	예시	(2) ○
	연습	1 (1) ○ (2) × (3) × 2 ⑤

비법 1

예시 자주 나오는 낱말은 '측우기'이고, '측우기'가 무엇인지 설명하고 있으므로 '측우기'가 제목으로 가장 알맞습니다.

연습 2 떡볶이 만드는 방법을 순서대로 설명한 글이므로 글의 제목도 '떡볶이를 만드는 방법'으로 붙일 수 있습니다.

비법 2

예시 바코드를 통해 알 수 있는 정보를 설명한 부분과 보기의 내용이 같은지 확인해 봅니다.

연습 2 피가 피부 밑에서 굳어서 생긴 멍은 시간이 지나면 다시 혈관으로 흡수된다고 했습니다.

DAY

66~69쪽

비법 3	예시	(1) 마을 (2) 길 (3) 경계
	연습	1 (1) ○ 2 ㉡, ㉣
비법 4	예시	(2) ○
	연습	1 ③ 2 (1) ○

비법 3

예시 장승의 역할이 무엇인지 설명한 글로, ❷~❹문단의 첫 번째 문장이 중요한 내용입니다.

연습 2 "우리말에는 불편한 잠자리를 동물의 모양에 빗댄 것이 있다. 새우처럼 등을 구부리고 자는 잠을 '새우잠'이라고 하고, 깊이 잠들지 못하고 자주 깨는 잠을 '괭이잠'이라고 한다."가 글에서 중요한 내용입니다.

비법 4

예시 북극여우와 사막여우의 생김새가 사는 곳에 따라 어떻게 다른지 설명하는 내용이 뒤에 나오므로 빈칸에는 '사는 곳'이 들어가야 합니다.

연습 2 앞 문장에 꿩 대신 닭을 잡아 국물을 우려냈다는 내용이 나오므로 빈칸에 들어갈 말은 '꿩 대신 닭'입니다.

DAY

70~73쪽

1 석빙고   2 ②   3 ②, ④, ⑤   4 신선한   5 윤성
6 ④   7 ③

내용 정리	❶ 얼음 ❷ 반지하 ❸ 제사
어휘 정리	1 (1) 성질 (2) 얼었다 (3) 기발해서 2 ②

1 '석빙고'라는 낱말이 자주 나오고, '석빙고'에 대해 설명하고 있으므로 글의 제목은 '돌로 지은 얼음 창고, 석빙고'가 알맞습니다.

2 석빙고가 무엇인지, 어떻게 지어졌고, 어떻게 이용했는지 등 석빙고에 대한 다양한 정보를 알려 주기 위해 쓴 글입니다.

3 "석빙고는 절반은 ~ 잔디를 심었어요."에서 석빙고가 얼마나 과학적으로 지어졌는지 설명하고 있습니다.

4 날씨가 무더운 여름에는 음식이 상하기 쉽습니다. 따라서 왕실에서는 제사를 지낼 때 신선한 음식을 올리기 위해 얼음을 사용했을 것입니다.

5 ㉠ 부분은 석빙고의 귀한 얼음을 어떻게 이용했는지를 설명하고 있으므로 윤성이가 중요한 내용을 잘 정리한 것입니다.

6 ①, ②, ③, ⑤는 모두 뜻이 서로 반대인 낱말끼리 짝 지은 것입니다.
④ **찌다:** 뜨거운 김을 쐬는 것 같이 습하고 더워지다.
　덥다: 몸으로 느끼기에 기온이 높다.

7 석빙고, 죽부인, 등등거리, 부채는 모두 우리 조상들이 더운 날씨를 이겨 내기 위해 사용한 것들입니다.

어휘 정리

1 (1) **성적:** 일이나 경기 등의 결과로 얻은 실적.
　　성질: 사물이나 현상이 가지고 있는 고유의 특성.
　(3) **평범하다:** 뛰어나거나 특별한 점이 없이 보통이다.

2 **돌을 던지다:** '다른 사람의 잘못을 탓하다.'라는 뜻의 관용어

14 DAY

1 다람쥐, 청설모   2 ⑤   3 (2) ○   4 ③   5 (3) ○
6 채원, 예솔   7 (1) ○

내용 정리   ① 나무   ② 다섯   ③ 뺨주머니   ④ 입

어휘 정리   1 (1) 틈   (2) 무늬   (3) 위험
　　　　　　2 (1) 낳다가   (2) 헤치고

1　다람쥐와 청설모의 비슷한 점과 다른 점을 비교하여 설
　명하고 있으므로 가장 중심이 되는 낱말은 '다람쥐'와 '청
　설모'입니다.

2　나무껍질이나 애벌레도 먹는 것은 청설모입니다. 청설모
　는 나뭇잎과 작은 새알도 먹는다고 했습니다.

3　뒷부분에 다람쥐가 겨울잠을 자야 해서 굴속에 먹이를
　모아 둔다는 내용이 나오므로 다람쥐가 겨울잠을 잘 준
　비로 바빠진다는 것을 알 수 있습니다.

4　• **몸집**: 몸의 크기나 부피.
　• **덩치**: 몸의 크기나 부피.

5　청설모가 겨울잠을 자지 않는다는 것이 **4**문단의 중요한
　내용이므로 이 부분이 잘 드러나게 정리한 것을 찾아봅
　니다.

6　다람쥐와 청설모가 자신들도 모르게 하고 있는 숲에서의
　역할을 알맞게 짐작한 친구를 찾아봅니다.

7　다람쥐와 같은 이유로 겨울잠을 자는 것은 곰입니다. 곰
　은 겨울에 먹을 것이 부족하기 때문에 나무나 바위로 된
　굴속에 먹이를 모아 두고 얕은 겨울잠을 잡니다. 뱀은 겨
　울에 날씨가 춥기 때문에 덜 추운 곳에서 깊은 겨울잠을
　잡니다.

어휘 정리

1　(1) **틈**: 벌어져서 사이가 생긴 자리.
　(2) **무늬**: 물건의 겉면에 나타난 모양.
　(3) **위험**: 해를 입거나 다칠 가능성이 있어 안전하지 못
　　함. 또는 그런 상태.

2　(1) **낫다**: 병이나 상처 따위가 고쳐져 본래대로 되다.
　　낳다: 배 속의 아이, 새끼, 알을 몸 밖으로 내놓다.
　(2) **해치다**: 어떤 상태에 손상을 입혀 망가지게 하다.
　　헤치다: 앞에 걸리는 것을 좌우로 물리치다.

15 DAY

1 ④   2 ㉰   3 (1) ○   (2) ○   4 ②   5 ④, ⑤
6 ③   7 (2) ○   (3) ○

내용 정리   ① 옥수수 전분   ② 친환경   ③ 뜨거운

어휘 정리   1 (1) 무심코   (2) 최초   (3) 변형
　　　　　　2 (1) 벌어지고   (2) 썩는다   (3) 주의

1　친환경 빨대인 쌀 빨대와 옥수수 빨대를 소개하는 글이
　므로 '친환경 빨대'가 제목으로 알맞습니다.

2　플라스틱 빨대가 바다거북을 위험에 빠뜨린 상황이 나타
　난 그림이므로 플라스틱 빨대가 바다의 환경을 오염시키
　고 있다는 것을 말하고 싶었을 것입니다.

3　'위험에 빠뜨리다'는 '안전하지 못하거나 고통스러운 상태
　에 놓이게 하다.'라는 뜻입니다. (3)은 위험에서 벗어나게
　한다는 뜻입니다.

4　앞부분에 옥수수 빨대에는 나쁜 물질이 들어 있지 않다
　는 내용이 나오므로 우리 몸에 해롭지 않다는 내용이 되
　는 것이 자연스럽습니다.

5　① 플라스틱 빨대는 썩는 데 500년 정도 걸리지만, 쌀 빨
　　대와 옥수수 빨대는 썩는 데 100~200일 정도밖에 걸
　　리지 않습니다.
　② 쌀 빨대와 옥수수 빨대가 친환경 빨대입니다.
　③ 친환경 빨대인 쌀 빨대와 옥수수 빨대는 너무 뜨거운
　　음료를 마실 때 사용하면 모양이 변형될 수 있습니다.

6　친환경 빨대가 플라스틱 빨대와는 다르게 환경을 오염시
　키지 않는다는 것을 중요하게 설명하고 있습니다.

어휘 정리

1　(2) **최초**: 맨 처음.

2　(1) **벌려지다**: 둘 사이가 넓어지거나 멀어지다.
　　벌어지다: 어떤 일이 일어나거나 진행되다.
　(2) **썩다**: 음식물이나 이, 피부 등이 세균에 의해 상하게
　　되다.
　　섞다: 두 가지 이상의 것을 한데 합치다.
　(3) **주위**: 어떤 곳의 바깥 둘레.
　　주의: 마음에 새겨 두고 조심함.

1 일기　**2** ②, ③　**3** (1) ㉴ (2) ㉮　**4** (1) 반성
(2) 위로　(3) 글쓰기　**5** ①, ③, ④　**6** ㉴　**7** (1) 동시
(2) 마인드맵

내용 정리 ❶ 생각　❷ 주위　❸ 다양한

어휘 정리 1 (1) 비법　(2) 감정　(3) 틀　2 (1) ○

1 주형이와 엄마는 일기 쓰기에 대해 대화를 나누고 있습니다.

2 엄마는 주형이에게 일기를 쓰면 좋은 점과 일기를 잘 쓰는 비법을 차례대로 알려 주셨습니다.

3 ㉠에는 세상에서 제일 하기 싫고 어려운 일과 관련 있는 말이 들어가야 하고, ㉡에는 내 이야기를 들어 주는 대상이 들어가야 합니다.

4 ㉮는 엄마께서 일기를 쓰면 좋은 점을 말씀하신 부분입니다. 일기를 쓰면 좋은 점 세 가지를 차례대로 정리해 봅니다.

5 ② 일기의 글감과 형식 모두 정해진 틀에 맞춰 쓸 필요가 없다고 했습니다.
⑤ 특별한 일이 있을 때만 일기를 써야 한다는 내용은 나와 있지 않습니다. 주위의 모든 것이 일기의 글감이 될 수 있다고 했습니다.

6 ㉴는 '맞혀'로 고쳐 써야 합니다.
㉮, ㉰ **맞추다**: 어떤 기준이나 정도에 어긋나지 않게 하다.
㉴ **맞히다**: 문제에 대한 답을 틀리지 않게 하다.

7 만화, 신문 기사, 동시, 편지, 마인드맵, 광고 등의 형식 중에서 무엇에 해당하는지 생각해 봅니다.

어휘 정리

1 (1) **비법**: 남에게 알려지지 않은 특별한 방법.
(2) **감정**: 어떤 현상이나 일에 대하여 일어나는 마음이나 느끼는 기분.

2 주형이가 학교에 가기 전에 급하게 일기를 써야 하는 상황이므로 '발등에 불이 떨어지다'가 관련 있습니다.

1 침팬지, 제인 구달　**2** ⑤　**3** ②, ③, ⑤
4 사랑, 슬픔, 질투　**5** ㉴　**6** ③, ④, ⑤
7 (2) ○　(3) ○

내용 정리 ❶ 아프리카　❷ 도구　❸ 환경

어휘 정리 1 (1) 우글거리고　(2) 들러붙어서　(3) 발견했다
2 (2) ○

1 40년이 넘게 아프리카 숲에서 침팬지에 대해 많은 연구를 한 제인 구달의 삶에 대해 쓴 글에 어울리는 제목을 생각해 봅니다.

2 제인 구달이 침팬지도 사람처럼 감정을 느낀다는 것을 알아내기는 했지만, 침팬지의 어떤 모습을 보고 알아낸 것인지는 글에 나타나 있지 않습니다.

3 ① 침팬지가 멧돼지를 사냥해서 고기를 먹는 것을 관찰했습니다.
④ 제인 구달은 아프리카에서 일 년이 넘는 시간을 보내면서 침팬지와 가까워졌습니다.

4 ㉠에는 감정을 나타내는 말이 들어가야 하므로 '사랑', '슬픔', '질투'가 알맞습니다.

5 글쓴이가 이 글을 통해 제인 구달에 대해 가장 알려 주고 싶은 것은 무엇일지 정리해 봅니다.

6 '사업가'는 이익을 얻기 위하여 어떤 조직을 전문적으로 경영하는 사람이고, '발명가'는 아직까지 없던 기술이나 물건을 새로 생각하여 만들어 내는 일을 전문적으로 하는 사람이므로 제인 구달을 나타낼 말로 적합하지 않습니다.

7 제인 구달은 침팬지뿐만 아니라 야생 동물이 살아갈 수 있도록 숲을 지키려고 노력했으므로, (1)과 같이 쓴 것은 알맞지 않습니다.

어휘 정리

1 (2) **들러붙다**: 끈기 있게 붙어서 잘 떨어지지 않다.
(3) **발견하다**: 찾아내지 못했거나 세상에 알려지지 않은 것을 처음으로 찾아내다.

1 역사   2 ②   3 물물 교환   4 ④, ⑤   5 ①, ⑤
6 ㉮   7 강우

내용 정리   ❶ 물물 교환   ❷ 물품 화폐   ❸ 금속 화폐
          ❹ 전자 화폐
어휘 정리   1 (1) 화폐   (2) 값어치   (3) 식량
          2 (1) 부족   (2) 편리

1 오늘날 우리가 쓰는 돈이 어떤 과정을 거쳐 만들어졌는
  지 설명하는 글이므로 '돈의 역사'가 제목으로 알맞습니다.

2 ① 조개와 물고기의 값어치가 달라 물물 교환을 하기 힘
    들었습니다.
  ③ 물품 화폐의 불편함을 해결하기 위해 금속 화폐를 만
    들었습니다. 금속 화폐를 집에서 만들었다는 내용은
    나오지 않습니다.
  ④ 오늘날은 동전이나 지폐와 함께 신용 카드를 쓰고 있
    습니다.
  ⑤ 사람들이 돈을 사용하는 것을 귀찮아했다는 내용은
    나오지 않습니다.

3 "사람들은 자기가 많이 가지고 있는 물건을 다른 사람과
  바꾸기 시작했어요. 물물 교환을 하게 된 거예요."라는
  부분을 통해 '물물 교환'의 뜻을 짐작할 수 있습니다.

4 ㉠의 뒤에 이어지는 내용을 통해 물물 교환의 문제점이
  무엇인지 알 수 있습니다.

5 물품 화폐는 들고 다니기 무겁고 보관하기 어려웠기 때
  문에 그 불편함을 해결하기 위해 금속 화폐를 만들어 쓰
  기 시작했다고 했으므로 금속 화폐는 가볍고 보관하기
  쉬웠을 것입니다.

6 '㉯ → ㉰ → ㉱'의 차례대로 정리하면 글의 중요한 내용
  이 됩니다.

7 글에서 동물, 소금, 쌀, 보석, 옷감 등을 돈으로 사용했다
  고 예를 들어 설명했으므로, 강우는 글의 내용을 정확하
  게 이해하지 못한 채로 자신의 생각을 말한 것입니다.

어휘 정리

1 (3) 식량: 사람이 살아가는 데 필요한 먹을거리.

2 (1) 부족하다: 필요한 양이나 기준에 모자라거나 넉넉하
      지 않다.
  (2) 편리하다: 이용하기 쉽고 편하다.

---

1 ②   2 (2) ○ (3) ○ (4) ○   3 ④
4 깨끗히 → 깨끗이   5 채아   6 ③   7 (1) ○

내용 정리   ❶ 예방   ❷ 손   ❸ 익혀   ❹ 보관
어휘 정리   1 (1) 습하다   (2) 오염   (3) 가하면
          2 (1) ○ (3) ○

1 선생님께서 식중독을 예방하기 위해 지켜야 할 수칙을 안
  내하셨습니다.

2 열을 가하면 식중독을 일으킬 수 있는 균들이 죽기 때문
  에 음식을 잘 익혀 먹으라고 했으므로 (1)은 알맞지 않습
  니다.

3 손을 꼭 씻으라는 내용이 되어야 하므로 ㉠에는 '틀림없
  이 꼭.'이라는 뜻의 '반드시'가 들어가야 합니다.
  ① 가끔: 어쩌다가 한 번씩.
  ② 이따가: 조금 뒤에.
  ③ 우연히: 어떤 일이 어쩌다가 저절로 이루어진 면이 있게.
  ⑤ 어쩌다가: 뜻밖에 우연히. 가끔가다가 또는 이따금씩.

4 '깨끗이'는 '더럽지 않게.'라는 뜻입니다. '깨끗히'로 쓰지
  않도록 주의해야 합니다.

5 식중독에 걸리지 않는 방법으로 음식을 익혀 먹고 물을
  끓여 먹어야 한다는 것을 말하고 있으므로 ㉢은 글의 흐
  름에 방해가 됩니다.

6 글의 중요한 내용을 정리할 때 필요한 내용은 식중독 예
  방 수칙에 해당하는 내용입니다.

7 물을 끓여 먹으라고 했고 음식을 먹기 전에는 비누를 이
  용해서 손을 씻으라고 했으므로 (2)와 (3)의 친구들이 한
  행동은 식중독 예방 수칙을 실천하지 못한 것입니다.

어휘 정리

1 (1) 건조하다: 말라서 습기가 없다.
  (2) 오염: 더러운 상태가 됨.
  (3) 가하다: 어떤 행위를 하거나 영향을 끼치다.

2 《보기》와 (1), (3)에서 쓰인 '배가 아프다'는 진짜로 배가
  아픈 것을 뜻합니다. (2)의 '배가 아프다'는 '남이 잘되어
  심술이 나다.'라는 뜻의 관용어입니다.

1 판사, 검사, 변호사　**2** ③　**3** 법　**4** ⑤　**5** ①
6 (1) ×　(2) ×　(3) ○　(4) ○　**7** (2) ○

내용 정리　**❶** 역할　**❷** 재판　**❸** 적다　**❹** 판결

어휘 정리　**1** (1) 설득해서　(2) 증명　**2** (3) ○

1 글의 제목을 통해서도 쉽게 알 수 있습니다.

2 검사, 변호사, 판사가 하는 일을 설명하고 있으므로 검사, 변호사, 판사의 역할을 알려 주기 위해서 글을 썼을 것입니다.

3 검사, 변호사, 판사는 모두 법을 다루는 일을 한다고 했습니다.

4 피고인은 범죄를 저질렀다는 의심을 받고 재판을 받는 사람을 말하므로 우유를 훔친 아기 엄마가 피고인입니다.

5 판사는 법정에서 검사와 변호사의 의견을 듣고 판결을 내리는 사람이고, 판사의 판결에 따라 피고인에 대한 벌이 결정된다고 했으므로 옳고 그름을 따져야 한다는 내용이 되어야 합니다.

6 (1) 피고인에 대한 벌을 결정하는 일은 판사가 합니다.
　(2) 변호사는 피고인과 같은 편에 서서 피고인이 최대한 가벼운 벌을 받을 수 있도록 판사를 설득하는 일을 합니다.

7 검사, 변호사, 판사의 역할을 떠올려 볼 때, (1)은 검사, (3)은 판사일 것입니다.

어휘 정리

1 (1) **설득하다**: 상대방이 그 말을 따르거나 이해하도록 잘 설명하거나 타이르다.
　(2) **증명**: 어떤 사항이나 판단 따위에 대하여 그것이 진실인지 아닌지 증거를 들어서 밝힘.
　　판결: 법원이 재판 중인 사건에 대하여 판단하고 결정을 내림.

2 주영이가 학급 일이라면 자기 일처럼 적극적으로 나선다는 내용이 자연스럽기 때문에 '발 벗고 나선다'가 알맞습니다.
　(1) **골탕을 먹이다**: 한꺼번에 크게 손해를 입히거나 낭패를 당하게 만들다.
　(2) **시치미를 떼다**: 자기가 하고도 하지 않은 척하거나 알면서도 모르는 척하다.

1 ②　**2** ㉮ → ㉯ → ㉰　**3** (3) ○　**4** 후딱, 쏜살같이
5 ④　**6** (1) ㉯, ㉲　(2) ㉮, ㉰　**7** ①

내용 정리　**❶** 유리섬 박물관　**❷** 유리　**❸** 시연장
　　　　　　❹ 블로잉

어휘 정리　**1** (1) 들러　(2) 달군　(3) 생생하다　**2** (3) ○

1 유리섬 박물관을 다녀와서 쓴 글이므로 가장 중심이 되는 말은 '유리섬 박물관'입니다.

2 유리섬 박물관에 도착해서 가장 먼저 들른 곳은 유리 작품으로 꾸며진 '테마 전시장'이고, 그다음으로 찾아간 곳은 '유리 공예 시연장'입니다. 마지막으로 들른 곳은 '유리 공예 체험장'입니다.

3 (1)은 '테마 전시장'에서 겪은 일이고, (2)는 '유리 공예 체험장'에서 겪은 일입니다.

4 '눈 깜짝할 사이'는 '매우 짧은 순간.'을 뜻하는 말이므로 '후딱'이나 '쏜살같이'와 바꾸어 쓸 수 있습니다.
　• **후딱**: 시간이 매우 빠르게 지나가는 모양을 흉내 내는 말.
　• **쏜살같이**: 쏜 화살이 날아가는 것처럼 매우 빠르게.

5 글쓴이는 유리섬 박물관에서 유리가 예술품이 되는 과정을 직접 보고 체험했으므로 빈칸에 들어갈 말은 '체험'입니다.

6 ㉮는 앞으로의 바람을 쓴 것이고, ㉰는 유리 작품을 만드는 과정을 본 느낌을 쓴 것이므로 ㉮와 ㉰는 생각이나 느낌을 쓴 것입니다.

7 1200도의 뜨거운 유리를 입으로 불어서 컵이나 꽃병 등을 만드는 체험을 할 때 유리 공예 작가 선생님과 함께했다는 것으로 보아, 유리 공예 체험은 혼자 하기 위험할 수 있음을 알 수 있습니다.

어휘 정리

1 (1) **들르다**: 지나가는 길에 잠깐 들어가 머무르다.
　(3) **생생하다**: 기억이나 생각이 눈앞에 보는 것처럼 분명하다.

2 (1) **목이 타다**: 심하게 갈증을 느끼다.
　(2) **목을 풀다**: 창, 노래, 연설 따위를 하기에 앞서 목소리를 가다듬다.

108~111쪽

1 ④　2 (1) ○ (2) × (3) ○ (4) ×　3 ㉯　4 ①, ④
5 ②　6 높아지면　7 액체

내용 정리　❶ 물질　❷ 고체　❸ 약하게　❹ 기체

어휘 정리　1 (1) 재료　(2) 공중　(3) 부피
　　　　　　2 (1) 변했다　(2) 이어져　(3) 일정하게

1 물질의 세 가지 모습인 고체, 액체, 기체에 대해 설명하고 있으므로 '물질의 세 가지 모습'이 글의 제목으로 알맞습니다.

2 (2) 물은 온도가 낮아지면 얼음이 됩니다.
　(4) 공기는 기체로, 기체의 분자들은 고체나 액체처럼 서로 이어져 있지 않아서 모양과 부피가 일정하지 않습니다.

3 분자에 대한 내용이므로 분자에 대해 설명하는 ❸문단의 ㉯에 들어가는 것이 알맞습니다.

4 ㉠과 ①, ④의 '담다'는 '어떤 물건을 그릇 등에 넣다.'라는 뜻입니다. ②, ③, ⑤의 '담다'는 '어떤 내용이나 생각을 그림이나 글, 말, 표정 등에 나타내거나 포함하다.'라는 뜻입니다.

5 주스는 고체가 아니라 액체이므로 ㉣에 들어갈 말로 적절하지 않습니다.

6 ❺문단의 첫 번째 문장과 두 번째 문장이 중요한 내용입니다.

7 물이 온도가 높아져 기체인 수증기가 되었다가 주전자 밖으로 나와 낮은 온도를 만나면 작은 물방울이 만들어지는데, 그것이 '김'이라고 했습니다. 따라서 김은 액체입니다.

어휘 정리

1 (1) **재료**: 어떤 것을 만드는 데 쓰는 것.
　(2) **공중**: 하늘과 땅 사이의 빈 곳.

2 (1) **변하다**: 무엇이 다른 것이 되거나 혹은 다른 성질로 달라지다.
　(2) **이어지다**: 끊어졌거나 본래 따로 있던 것이 서로 잇대어지다.

116~119쪽

비법 1　**예시**　②
　　　　　연습　1 (3) ○　2 (2) ○

비법 2　**예시**　①, ③
　　　　　연습　1 ㉢, ㉣　2 (3) ○

비법 1

예시 글쓴이가 어떤 주장을 하기 위해 쓴 글인지 파악해 봅니다.

연습 2 글쓴이는 소방관들의 도움을 간절히 기다리는 구조자를 생각하여 119에 거짓 신고를 하지 말자고 주장하고 있습니다.

비법 2

예시 글쓴이는 어려서부터 집안일을 가족과 같이 하면 좋은 점이 참 많다는 생각을 뒷받침하기 위해 ①과 ③의 내용을 제시하였습니다.

연습 1 ㉠은 글쓴이가 문제라고 생각하는 상황, ㉡은 글쓴이의 생각을 쓴 것입니다.

24 DAY

120~123쪽

비법 3　**예시**　⑤
　　　　　연습　1 ②　2 (3) ○

비법 4　**예시**　승연
　　　　　연습　1 반대　2 (2) ○

비법 3

예시 눈치를 보다: 남의 마음과 태도를 살피다.

연습 1 풀이 죽다: 활기나 기운이 꺾이다.

연습 2 대수롭지 않다: 중요하지 않다.

비법 4

예시 주원이와 영훈이는 선의의 거짓말은 필요하지 않다고 생각하지만, 승연이는 글쓴이와 마찬가지로 선의의 거짓말은 필요하다고 생각합니다.

연습 1 글쓴이는 공부에 방해가 되는 만화책은 학교에 가져오지 않아야 한다고 생각합니다.

1 칭찬   2 ①, ③   3 ②, ④, ⑤   4 ㉯, ㉰   5 (2) ○
6 (3) ○   7 (2) ○

내용 정리 ❶ 칭찬   ❷ 좋아진다   ❸ 잘하고
❹ 넓어진다

어휘 정리 1 (1) 쑥스러웠다   (2) 서툴러서   (3) 인색하신
2 (2) ○

1 글쓴이는 칭찬을 하면 좋은 점을 들어 가까운 사람들에게 칭찬을 많이 하자는 생각을 전하고 있습니다.

2 칭찬이 좋은 말인 것을 알면서도 쑥스럽기도 하고 서툴러서 잘하지 못한다고 했습니다.

3 글쓴이는 '가까운 사람들에게 칭찬을 많이 하자.'라는 생각을 뒷받침하기 위해 칭찬을 하면 좋은 점을 세 가지 들어 말하였습니다. ①과 ③은 글쓴이가 칭찬을 하면 좋은 점으로 말한 것이 아닙니다.

4 앞뒤 내용으로 보아, 칭찬하는 말이 들어가는 것이 알맞습니다. ㉠는 부탁하는 말입니다.

5 ㉡에서 칭찬을 듣는 사람은 더 잘하고 싶은 마음이 생긴다고 했으므로 잘하고 싶은 마음이 드는 말은 무엇일지 찾아봅니다. 더 잘하고 싶은 마음이 생기는 칭찬은 (2)입니다.

6 **돋보이다**: 훌륭하거나 뛰어나 여럿 중에서 도드라져 보이다.

7 글쓴이가 칭찬은 작은 것이라도 찾아서 하면 된다고 했으므로 (1)은 글쓴이의 생각을 바르게 파악하지 못하고 자신의 생각을 말한 것입니다.

어휘 정리

1 (1) **쑥스럽다**: 하는 짓이나 모양이 자연스럽지 못하거나 어울리지 않아 부끄럽다.
안쓰럽다: 다른 사람의 처지나 형편이 불쌍하여 마음이 좋지 않다.
(2) **서두르다**: 일을 빨리 하려고 침착하지 못하고 급하게 행동하다.
(3) **인자하다**: 마음이 너그럽고 따뜻하다.

2 (1)에는 '소리 소문도 없이'라는 관용어가 들어가는 것이 어울립니다. '소리 소문도 없이'는 '다른 사람이 알지 못하게 슬그머니.'라는 뜻입니다.

1 ㉯   2 ①, ②, ④   3 전과 똑같이   4 ④
5 (2) ○   6 ㉯   7 소영

내용 정리 ❶ 수족관   ❷ 불균형   ❸ 부족   ❹ 짧다
어휘 정리 1 (1) 면역력   (2) 수명   (3) 학대   2 (2) ○

1 글쓴이는 우리나라의 수족관에 갇혀 있는 돌고래를 넓은 바다로 돌려보내 달라고 부탁하고 있습니다.

2 글쓴이는 수족관에 갇혀 있는 돌고래를 바다로 돌려보내 달라는 생각을 뒷받침하기 위해 수족관에 갇혀 있는 돌고래는 영양 불균형과 운동 부족을 겪고 있고, 수명이 짧다는 내용을 제시했습니다.

4 수족관은 깊이가 얕고 비좁아서 수족관에 갇힌 돌고래는 벽에 부딪히거나 같은 자리에서 계속 뛰어오르는 행동을 한다고 했습니다.

5 수많은 국가에서 돌고래 쇼를 법으로 금지하고 있지만 우리나라의 제주도와 거제도 등에서는 여전히 하고 있다고 한 것으로 보아, 우리나라는 돌고래 쇼를 법으로 금지하지 않았음을 알 수 있습니다.

6 수족관에서 돌고래가 어떻게 살고 있는지를 말한 내용이므로, ㉯에 들어가는 것이 알맞습니다.

7 유진이는 글쓴이의 생각을 바르게 파악했지만, 관계 없는 생각을 말했습니다. 현태는 글쓴이의 생각을 바르게 파악하지 못했습니다.

어휘 정리

2 (1) **가슴이 트이다**: 마음속에 맺힌 것이 풀리어 환해지다.
(2) **가슴이 미어지다**: 마음이 슬픔이나 고통으로 가득 차 견디기 힘들게 되다. / 큰 기쁨이나 감격으로 마음속이 꽉 차다.
(3) **가슴이 넓다**: 이해심이 많다.

1 ② 　 2 (1) ④ 　 (2) ㉮ 　 3 (1) ㉮, ㉰ 　 (2) ㉯, ㉲

4 사용 시간, 제한 　 5 (3) ○ 　 6 효주 　 7 (1) ○

내용 정리 ❶ 필요하지 않다 ❷ 필요하다 ❸ 보행

❹ 학습

어휘 정리 1 (1) 중독 (2) 제한 (3) 보행

2 밤낮으로, 자나 깨나

1 민재와 효주는 초등학생에게 스마트폰이 필요한지에 대해 각자의 생각을 말했습니다.

2 민재는 초등학생이 스마트폰을 사용했을 때의 문제점을 들어 반대 의견을 말했습니다. 효주는 초등학생이 스마트폰을 사용했을 때의 좋은 점을 들어 찬성 의견을 말했습니다. 따라서 ㉠에는 '반대'가 들어가야 하고, ㉡에는 '찬성'이 들어가야 합니다.

3 민재는 스마트폰은 보행 중 사고 위험이 높고 눈에 나쁜 영향을 주기 때문에 초등학생에게 스마트폰이 필요하지 않다고 말했습니다. 효주는 스마트폰은 학습에 도움이 되고 친구들과의 관계를 더 가까워지게 하기 때문에 초등학생에게 스마트폰이 필요하다고 말했습니다.

4 부모님께서 스마트폰 사용 시간을 제한하면 스마트폰 중독을 막을 수 있다고 했습니다.

5 **정신이 팔리다**: 어떤 것에 관심이 쏠리다.

6 스마트폰은 편리한 기능이 많기 때문에 초등학생이 사용해도 괜찮다고 말했으므로 초등학생에게 스마트폰이 필요하다고 말한 효주와 생각이 같은 것입니다.

7 (1)은 보행 중 스마트폰 사용 금지에 대한 내용이므로 초등학생에게 스마트폰이 필요하지 않다는 민재의 생각을 뒷받침하는 내용으로 알맞습니다. (2)는 스마트폰이 뇌 발달을 막지 않는다는 내용이므로 초등학생에게 스마트폰이 필요하다는 효주의 생각을 뒷받침하는 내용으로 알맞습니다.

어휘 정리

2 • **눈만 뜨면**: 깨어 있을 때면 항상.

• **눈물을 짜다**: 조금씩 눈물을 흘리며 울다.

1 (3) ○ 　 2 ① 　 3 ③ 　 4 어른 　 5 (2) ○ 　 6 (1) ○

7 ②, ③

내용 정리 ❶ 생각 ❷ 적다 ❸ 독서

어휘 정리 1 (1) 성인 (2) 평균 (3) 독서량 　 2 (2) ○

1 대한민국 성인의 평균 독서량이 적은 것이 문제라고 생각해서 만든 광고입니다.

2 독서를 하면 생각의 키는 끊임없이 자라니까 독서를 하자고 했습니다.

3 '삼촌이랑 나랑은 생각의 키가 같아요'라고 했습니다. '내'가 책을 많이 읽어서 삼촌이랑 생각의 키가 같아졌다고 한 것입니다.

4 '어른'은 다 자란 사람을 뜻하는 말로, '성인'과 뜻이 비슷합니다.

5 생각의 키가 자란다는 것은 생각하는 힘이 길러진다는 뜻입니다.

6 이 광고에서는 독서량이 적은 어른들에게 독서를 많이 하자고 주장하고 있으므로 (2)에서 말한 것은 알맞지 않습니다.

7 독서와 관련 있는 말은 ②와 ③입니다.

① **시간은 금이다**: 시간은 금처럼 소중하므로 헛되이 쓰지 말라는 뜻을 담은 말입니다. 시간의 소중함을 일깨워 줍니다.

④ **실패를 두려워하지 말라**: 도전 없이는 성공할 수 없으므로 실패가 무서워 도전을 하지 않으면 안 된다는 뜻을 담은 말입니다.

⑤ **오늘 할 일을 내일로 미루지 말라**: 자기가 해야 할 일을 다음으로 미루지 말고 성실하게 해야 한다는 뜻을 담은 말입니다.

어휘 정리

1 (3) **독서량**: 책을 읽는 양.

2 (1) **배꼽을 잡다**: 웃음을 참지 못하여 배를 움켜잡고 크게 웃다.

(2) **고개를 들다**: 남을 떳떳이 대하다.

(3) **이를 악물다**: 힘에 겨운 곤란이나 난관을 헤쳐 나가려고 굳은 결심을 하다.

1 ㉰　2 ⑤　3 (1) 안전 (2) 광고　4 ⑤　5 (1) ㉯
(2) ㉮　6 연아　7 ③

내용 정리 ❶ 개인 정보 ❷ 재산 ❸ 모르는

어휘 정리 1 (1) 공짜 (2) 빼내 (3) 구분해서
2 (2) ○

1 모르는 사람이 개인 정보를 물어보면 함부로 알려 주지
　말아야 한다는 글쓴이의 주장이 잘 드러나는 제목을 찾
　아봅니다.

3 글쓴이는 모르는 사람에게 개인 정보를 알려 주면 가족
　의 안전과 재산이 큰 피해를 입을 수 있고, 광고 문자나
　이메일을 계속 받게 되므로 모르는 사람에게 개인 정보
　를 함부로 알려 주지 말라고 했습니다.

4 '눈치채다'는 '다른 사람의 마음, 비밀 등을 살펴 알아채
　다.'라는 뜻입니다. 반대로 어떤 일의 낌새나 다른 사람
　의 마음 따위를 알아채지 못할 때는 '눈치채지 못하다'라
　고 합니다.

5 (1) '절대로'는 '~ 안 된다.'와 같이 쓰여 '어떠한 경우에도
　　　반드시.'라는 뜻입니다.
　(2) '마치'는 '~처럼'과 같이 쓰여 '거의 비슷하게.'라는 뜻
　　　입니다.

6 글쓴이는 개인 정보를 절대로 알려 주면 안 된다고 했으
　므로 글쓴이와 같은 생각을 가진 친구는 연아입니다. 종
　민이는 글쓴이와 반대의 생각을 가지고 있습니다.

7 아이디와 비밀번호도 소중한 개인 정보이므로 친구들에
　게 알려 주지 않아야 합니다.

어휘 정리

1 (1) **가짜**: 진짜처럼 꾸몄지만 진짜가 아닌 것.
　　　공짜: 힘이나 돈을 들이지 않고 거저 얻은 물건.
　(2) **빼내다**: 남의 물건 따위를 몰래 가져오다.
　　　물어내다: 남에게 준 피해를 돈으로 갚아 주거나 본래
　　　의 상태로 해 주다.
　(3) **구분하다**: 일정한 기준에 따라 전체를 몇 개로 갈라
　　　나누다.
　　　구조하다: 재난으로 위험에 처한 사람을 구하다.

2 '시도 때도 없이'는 '시간을 가리지 않고 자주.'라는 뜻이
　므로 '아무 때나 가리지 않고'와 바꾸어 쓸 수 있습니다.

1 ④　2 높다　3 ⑤　4 (1) × (2) ○ (3) ○ (4) ×
5 ㉰　6 태연　7 (2) ○

내용 정리 ❶ 충분히 ❷ 성장 호르몬 ❸ 기억력
❹ 건강

어휘 정리 1 (1) 이상 (2) 성장 (3) 확률
2 (1) 응답 (2) 절반으로 (3) 적절하게

1 성장기의 어린이는 하루 8시간 이상 잠을 충분히 자야 한
　다는 것을 말하기 위해 쓴 글입니다.

2 잠을 충분히 자면 기억력이 좋아진다는 내용이 앞부분에
　나와 있는 것으로 보아, ㉠에는 '높다'라는 말이 들어가는
　것이 알맞습니다.

3 '면역력이 떨어지다'에서 '떨어지다'는 '값, 기온, 수준, 형
　세 따위가 낮아지거나 내려가다.'라는 뜻입니다. 따라서
　면역력이 떨어졌다는 것은 면역력이 약해졌다는 것을 의
　미합니다.

4 잠을 충분히 자면 기억력이 좋아지고, 성장 호르몬이 잘
　나와 키가 크는 데 도움이 된다고 했습니다. 잠을 충분히
　자지 않으면 키가 절대로 자라지 않는다는 것은 과장된
　내용입니다.

5 수면 시간이 부족하면 심장병, 고혈압, 치매, 우울증 등
　이 발생할 수 있다는 내용은 잠이 부족하면 건강에 이상
　이 생긴다는 내용과 관련 있으므로, ㉰에 들어가는 것이
　알맞습니다.

6 글쓴이는 건강을 위해 잠을 충분히 자는 것이 매우 중요
　하다고 했으므로 태연이는 글쓴이의 생각을 바르게 파악
　하지 못했습니다.

7 밤 10시에 잠을 자고 있는 어린이가 글쓴이와 생각이 같
　은 친구일 것입니다.

어휘 정리

2 (1) **응원**: 운동 경기 따위에서, 선수들이 힘을 낼 수 있도
　　　록 도와주는 일.
　(2) **통째로**: 나누지 않은 덩어리 그대로.
　　　절반으로: 하나를 반으로 갈라서.
　(3) **간절하다**: 정성이나 마음 씀씀이가 더없이 정성스럽
　　　고 지극하다.
　　　적절하다: 꼭 알맞다.

38~39쪽

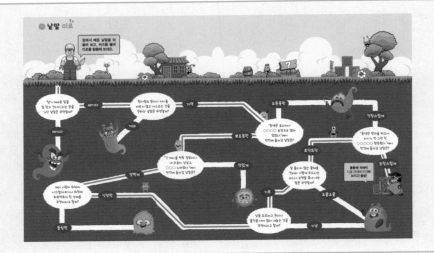

58~59쪽

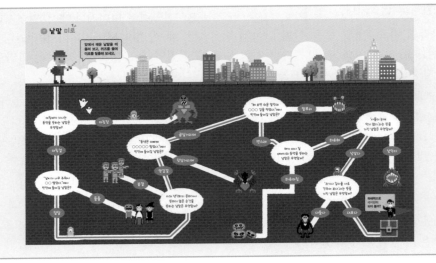

86~87쪽

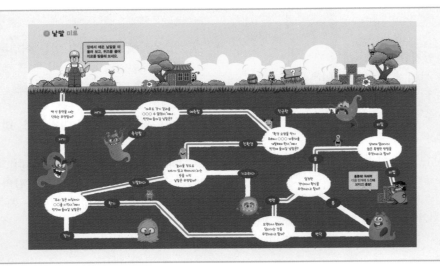

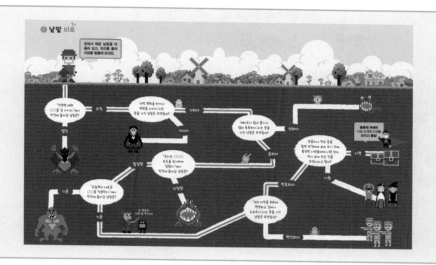

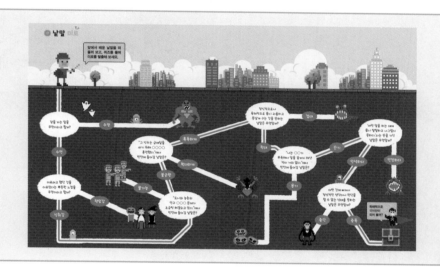

40쪽

60쪽

114쪽

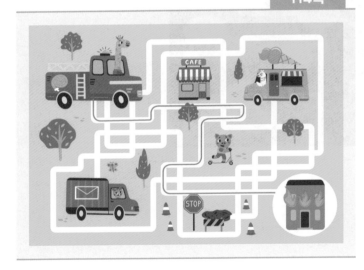

150쪽

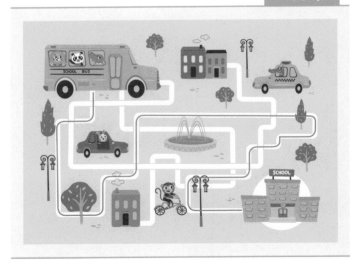

길벗스쿨